基督教文化研究丛书

主编 何光沪 高师宁

初编 第 **6** 册

信仰下的生活与认知——
伊洛地区农村基督教信徒的文化社会心理研究（上）

徐 凯 著

花木兰文化出版社

国家图书馆出版品预行编目资料

信仰下的生活与认知——伊洛地区农村基督教信徒的文化社
会心理研究（上）／徐凯 著 -- 初版 -- 新北市：花木兰文化出
版社，2015〔民104〕
目 2+168 面；19×26 公分
（基督教文化研究丛书 初编 第 6 册）
ISBN 978-986-404-197-8（精装）
1. 基督教 2. 信仰
240.8   104002085

ISBN-978-986-322-197-8

基督教文化研究丛书
初编 第六册   ISBN：978-986-404-197-8

信仰下的生活与认知——
伊洛地区农村基督教信徒的文化社会心理研究(上)

作   者 徐 凯
主   编 何光沪 高师宁
执行主编 张 欣
企   划 北京师范大学基督宗教文艺研究中心
总 编 辑 杜洁祥
副总编辑 杨嘉乐
编   辑 许郁翎
出   版 花木兰文化出版社
社   长 高小娟
联络地址 台湾 235 新北市中和区中安街七二号十三楼
         电话：02-2923-1455 ／传真：02-2923-1452
网   址 http://www.huamulan.tw 信箱 hml810518@gmail.com
印   刷 普罗文化出版广告事业
初   版 2015 年 3 月
定   价 初编 15 册（精装）台币 28,000 元   版权所有 请勿翻印

信仰下的生活与认知——
伊洛地区农村基督教信徒的文化社会心理研究（上）

徐 凯 著

作者简介

徐凯，男，1978 年生，河南镇平人，洛阳师范学院教育科学学院讲师。2012 年毕业于中山大学，获法学博士学位。在《求索》等刊物发表论文十多篇，参与过国家级和教育部的相关课题，参编教材一部，现正主持国家社会科学基金青年项目"农村基督徒政治认知的社会文化心理机制研究"（13CSH073）。主要研究领域为文化与认知、宗教与政治心理学、健康与咨询心理学。

提　　要

本书以基督教这一典型的系统化、制度化的信仰系统作为研究终极信仰的切入点，选取伊洛地区 C 镇三自教会和家庭教会基督徒作为研究的对象。在研究策略上，不是从已有理论出发，而是采取以问题为中心、自下而上的方式，即从所研究问题的实际出发，构建研究框架，进行理论分析与构建；在研究方法上，基于人类学的田野调查，采取综合的研究方法，在内容机制层次上探讨基督信仰对当地信徒的影响。这种探索将有助于深入理解处于基督文化与文化传统中的信徒受其影响的程度及其作用机制。为此，本书深描基督文化表象与地方文化传统，通过分析参与观察与深入访谈所得的材料，探究不同文化在基督徒心理认知中的表征与加工，从中建构出农村基督徒的文化心理路径。

调查发现，无论在宗教生活，还是在世俗生活，文化传统都对当地基督徒有重要影响，但其程度有差别，相对而言基督徒在世俗生活会受到更多的影响。总的来说，文化传统的影响体现在：传统文化的意识、传统观念的影响、信仰实践的关系取向、张力下信仰与传统的实践融合、记忆中的文化符号认知图式。

基于地方基督徒文化社会困境中的典型表现，本书进一步考察其认知（社会认知、政治认知）过程中的特征与机制。研究发现，地方基督徒的认知受到基督信仰和地方社会文化观念的双重影响。分析显示，在社会文化观念中，基督徒不仅在构成因素上和非基督徒相同，而且其重要程度也与之基本一致。这一方面表明当地居民共同心理认知结构的存在，另一方面也说明基督信仰没有改变基督徒所持有的共同认知结构，而是在共同认知结构之外形成的新认知框架，从而使基督信仰与社会文化观念在信徒认知因素中呈现分离状态。

究其根源，基督徒双重认知框架的作用机制取决于基督徒的意义评估。在具体情境中，基督信仰为基督徒提供相关的信念和动机，影响其情境意义上的评估，从而形成不同的价值感受和情感态度。此时，意义评估为个体的理性工具和价值情感两个心理系统的互动关系所决定，其基本规律为：理性工具上的考虑是首位的，即先满足物质利益的诉求，继而考虑信仰上的自我实现；如果不涉及物质利益，而仅在情感精神心理系统上，若基督信仰和社会观念出现冲突，信徒多采取重新诠释的方式消除冲突，从而达到一致。

这种先工具理性、后情感精神的心理系统趋向使地方基督徒在信仰上表现出明显的功利性，突出体现在地方基督徒在宗教、世俗生活中"意义赋予"的分离状态以及双重依赖的应对方式上。但功利性并不是基督徒宗教生活的唯一依据，功利性的信仰也可以转化为虔诚的信仰，从而呈现出信仰"信心"的阶梯性。这种转化取决于基督徒在信仰获益的基础上，其二维心理系统优势地位的变化。

　　此外，本书还探讨了家庭教会合法化问题，包括家庭教会聚会方式、三自和家庭教会间的互动以及由此带来的社会管理启示。

关键词　终极信仰；基督信仰；农民基督徒；社会认知；政治认知

谨以此书献给恩师景怀斌教授

目次

第一章 研究意图与概念辨析

第一节 研究的缘起与意图

一、研究缘起

作为一名接受过人类学与心理学交叉学科训练且从事文化社会心理的研究者，笔者确定本书研究内容是因为它可以很好兼顾到人类学和心理学的学科特性及其学术传统。选择基督徒及其信仰作为研究对象，亦是基于学术热点、社会现实和个人兴趣三方面考虑的结果。

1. 学术热点：终极信仰的研究

信仰是人的意义系统的重要方面（景怀斌，2011:52）。在中国人的概念系统中，信仰是"对某种宗教或主义极度信服和尊重，并以之为行动的准则"（《辞海》，2009: 2556；其它可见的中文词典给出的定义与此一致）。这个定义包括两个基本要素：一是对某种宗教或主义深度信服的态度，二是将其作为自己行动的准则。这表明，在中国人看来，信仰提供了心灵和社会行为的终极性原则和出发点，它并不局限于特定范畴，而是指向人的精神生活机能的基础。在信仰对应的英文方面，中文文献大都主张，信仰即 belief，其定义是，"在没有足够的理智知识证明一个命题为真的情况下，就接受或赞同它的一种心理态度"（参见 Encyclopædia Britannica Inc, 1997: 63；大英百科全书公司，1999: 345）。这种仅将信仰视为"一种被认为是真的命题"（Matsumoto, 2009: 80）的做法，会导致将相关研究局限于具体问题对象上，如上帝和来世（Atkinson

& Bourrat, 2011)、死亡和迷信（James & Wells, 2002），其实质是混淆了信仰与特定信念。由此可见，不同于西文中的 belief 偏重于具体层面，中国文化背景下的信仰指向抽象层面。在西方语境下，信仰往往是在宗教层面上讨论的，据此有学者主张西方文化中有关终极信仰的概念有两个——精神性[1]（spirituality）和宗教（性）（religion）（景怀斌，2005: 160）。

从学术态势看，终极信仰研究越来越受到重视。虽然 James（1956:11）很早就指出，在影响人的行为因素中，信仰比洞察力和理智更为重要，它不仅影响人的行为，而且还决定着人在行为上的选择。但长期以来，因信仰被认为是不科学的而一直被排除在主流心理学和其他社会科学之外（Miller & Thoresen, 2003）。近年来，这种状况正在改变，相关研究有了极大进展，从早期的信仰与身心健康（Hill & Pargament, 2003; Miller & Thoresen, 2003; Powell, Shahabi, & Thoresen, 2003; Richmond, 2004），已扩展到社会行为（Hall, Matz, & Wood, 2010; Norenzayan & Shariff, 2008; McCullough & Willoughby, 2009; Shariff & Norenzayan, 2011）、组织行为和文化领域（Barker & Floersch, 2010; Bregman, 2006; Pawar, 2009; Tu & Tucker, 2004; Zinnbauer, Pargament, Cole, Rye, Butter, Belavich, & Kadar, 1997）。信仰研究逐渐成为社会科学特别是心理学的热点领域之一（Bartoli, 2007; Helminiak, 2011; Hill, Pargament, Hood, McCullough, Swyers, Larson, & Zinnbauer, 2000; Kapuscinski & Masters, 2010; MacDonald, 2000; Zinnbauer, Pargamen, & Scott, 1999）。

Bartoli（2007）回顾相关心理学文献时发现，20 世纪上半叶共有 3,803 篇关于终极信仰的文献，那时研究多依从精神分析的理论观点。到 20 世纪下半叶，相关文献开始把终极信仰视为人性的潜在表达（potentially enhancing expressions of human nature）。这种转变开始于 60 年代，在 80 年代急剧增长。60 年代形成 1,500 篇相关文献，70 年代超过 2,000 篇，80 年代超过 4,000 篇，90 年代超过 6,000 篇。这种急速发展的趋势在本世纪依然得到继承，仅 2000-2006 就有 8,193 篇相关文献，比 20 世纪上半叶整整超出一倍多。

目前，有关终极信仰的研究基本上是在西方文化背景下进行的。国内有关终极信仰的研究多数为哲学领域中的思辨研究，相关的心理学研究为数不多，且处于发展的初步阶段，大都跟随西方的理论建构和已有成果，关注于

---

[1] 有些研究者建议遵循传统将"spirituality"译为"灵性"。本文按照通用的做法，将其译为"精神性"。

测量问卷的修订及信仰与心理健康的关联（杨宝琰，万明钢，王微，刘显翠，2008；沈洋，2007；常薇，2008；刘瑶，2007；梁恒豪，2006）。整体来说，这些研究基本上是运用西方已有的理论和工具进行强加式的客位研究（imposed-etic）（Berry，1969）。就社会文化现象来说，这种客位研究虽然有重要的学术价值，但由于信仰本身所具有的文化差异性，往往会造成相关研究与本土社会文化的实际缺乏内在契合性（Shek，2010）。这种文化的不契合性在中国的本土化研究中更为凸显，原因在于中国人的文化意识远远超过其民族意识（杜维明，1986/2001），且中国文化传统是内隐和稳定的，较少受到其他因素的影响，能潜移默化地影响着人们的想法和行为（周丽清，孙山，2009）。因此，对中国人的终极信仰研究，需要更多的本土化策略研究。本书将基督信仰作为研究的对象，除了考虑到终极信仰研究基本都置于宗教背景下进行（Hill & Pargament，2008）外，更是由于作为一种典型的制度化的信仰系统，基督信仰近年来在中国的飞速发展及由此引发的文化张力，十分适合作为中国文化背景下研究终极信仰的切入点（详见下节）。

2. 社会现实：农村基督教的飞速发展

自史前时代至今，宗教一直存在于各个时代的社会中，已成为人类经验和文化的最重要组成部分（Nelson，2009：3）。在人类社会长期的发展过程中，宗教有着重要的地位，发挥举足轻重的作用，它"是文化乃至文明的最基本要素：作为道德规范体系，它对人们的认知、互动、个人及群体关系等生活实践具有影响及制约功能；而作为象征符号体系，它对人们的世界观、价值、认同、思维逻辑等意识形态领域有建构及支撑作用"（王建新，刘昭瑞，2007：I）。在改革开放以后，特别是近些年来政府对宗教信仰自由政策的落实，我国出现了与全球性的宗教复兴与宗教世俗化相呼应的"宗教热"，呈现出宗教复兴和宗教情绪弥漫的趋势，各种宗教的发展迅速。

在各宗教中，作为外来宗教的基督教（本书仅指基督宗教中的新教，不包括天主教、东正教以及其它的一些较小的派别），近二十年来在中国的发展尤为突出，信徒人数飞速增长。1993年以来信教的基督徒占信徒总数的73.4%，1996年至今增长近3倍，目前我国现有基督徒已约占全国人口总数的1.8%，总数估计为2305万人（金泽，邱永辉，2010）。然而，根据中国社科院农村社会问题研究中心对家庭教会进行的实证调查认为，目前中国三自教会人数在1800万至3000万之间，家庭教会人数在4500万至6000万之间，两者加起来可能是六七千万左右（李光, 2010; 于建嵘, 2010）。对中国基督徒人数进行准确的统计是一个非常大的难度，以至于艾克曼（David Aikman）在其著作《耶稣在北京》（2003）开篇中就感叹道，"中国到底有多少基督徒，问题可能并不简单"，这基本代表了学界的一致看法。虽然各方数字不同[2]，但大陆基督教近年来的迅速成长已成不争的事实，甚至于 Lambert 在《中国千百万基督徒》就乐观地预见"如果以现在的增长率继续发展，那么将来的一二十年中国将取代美国成为基督徒人数最多的国家"（杨华明, 2011: 537-538）。

基督教近年来的发展有两个特点：首先，由东南沿海地区和城市向内地转移（邢福增, 2007: 1-18）；其次，出现了越来越多的农村基督教信徒，其数量约占全国基督徒总数的 80%（段琦, 2004）。这表明中国内地的农村地区已成为基督教发展的主要土壤。中国内地农村作为文化传统相对保留更多的区域，基督教为何能得以飞速发展，需要引起我们的重视。

目前国内对基督教的研究很多，并出现了所谓的"基督教热"现象，但相对而言，已有研究大部分集中在哲学、宗教和历史文化研究上（郭海良, 2006），真正意义上的基于田野调查基础之上的实证研究并不多（王建新, 2007; 王建新, 刘昭瑞, 2007: I），更缺乏对基督徒信仰与日常生活中内心世界的关注。在心理学领域，就其研究对象看，虽然农村、农民问题已成为学界普遍关注的一个热点，但已有心理学研究大都以城市和大学生作为研究的区域和对象，对农村地区的关注度远远不够；有关基督教的心理学研究为数不多，且多采取西方成熟量表进行施测，生态效度和本土化取向不足。在公共管理

2　段琦在《对 2010 年宗教蓝皮书公布的基督徒人数有感》中提到，对于中国基督徒的数量，国内外有关学者早有多种猜测或推测。英国学者林保德（Tony Lambert）在他的著作《中国基督徒亿兆 China's Christian Million》中，认为中国的福音派信徒应该在 3000-5000 万之间。按照国际基督教研究机构(Centre for the Study of Global Christianity at Gordon-Conwell Theological Seminary)的分析，中国基督徒的数量大概在 7000 万左右。前《时代》周刊驻北京记者部主任戴维·艾克曼（David Aikman）早在 2003 年就声称在中国，基督徒与天主教徒合计有 8000 万之多。而美国福音派的喉舌《今日基督教》（Christian Today）的估计更是高达 1.3 亿。对于西方学界对中国基督徒人数的估计往往要高于官方统计和实际情况，杨华明（2011: 539）指出这主要有三方面的原因：一是家庭教会可能会通过夸大人数来吸引国外教会的关注以期获得更多的资助；二是夸大的数据能表达出教会人员传播福音的使命感；三是国外教会希望通过较大的人数来证明他们工作的成绩。尽管西方的数据往往估计过高，但仍具有参考价值，对今后开展这方面统计工作有重要的借鉴作用。

领域，如何看待和应对基督教的快速发展在理念讨论和现实实践中都存在一些争议，两者之间还往往遭遇脱节。总之，学界对农村地区基督教及其影响的研究，无论是理论还是实际都明显存在不足，迫切需要以本土化策略为指导，考察作为异文化和外来宗教的基督信仰对农民信徒文化心理的塑造和影响。

3. 个人兴趣：关注宗教信仰在心理咨询与治疗上的作用

健康心理学及心理咨询与治疗一直是笔者的研究方向和兴趣之一。笔者在过去的生活中接触过一些心理疾病患者，他们在皈依基督教后使自己的心理疾病得以治愈，这使笔者对基督信仰对信徒心理健康水平的作用产生强烈的好奇和探究心。

国人心理健康不容乐观已是共识。随着现代化进程加快，社会的变迁迅速，原有价值体系崩溃但新的社会价值观尚未确立起来，这使人们因为缺乏标准而导致精神痛苦的产生（Davies & Bhugra, 2004/2007: 163）。目前，我国正处于转型的关键时期，生产方式的变革、新旧体制的交替和和改革开放的深入，使社会文化发生着重大的变化。这种变化对个体的心理产生了强烈的冲击，形成了文化震荡，并在不同程度上影响了个体的心理健康（张向葵，吴晓义，2004）。

心理咨询和治疗在早期并不重视信仰的作用，但近年来情况发生了改变。理性情绪疗法的创始人 Ellis（1999）在回顾 20 世纪心理治疗的发展时说："尽管宗教和精神信仰方面的问题在 20 世纪早期被心理治疗严重地忽略，但最近的研究表明它们在人类的存在中有着重要的作用，而且它们可能在帮助人们消除困扰方面发挥巨大的贡献。具有理性和信仰性质的心理治疗研究在 20 世纪末越来越普遍。"这说明，信仰性心理治疗在当代心理治疗中的地位被认可。目前，学者们日益重视终极信仰在心理健康中的作用，认为宗教与健康、幸福的关系往往是积极的（Loewenthal, 2000/2002: 136），有较高精神信仰水平的人表现为较少的精神问题（景怀斌，2003）。基于这些实证研究的结果，学者们纷纷倡导将信仰引入心理健康和治疗领域中（Integrating the Spirituality into Psychotherapy），更有学者提出，想要成为一个高水平的心理治疗者，就必须要关注来访者信仰的发展（Rowan, 1993）。"宗教或精神性问题"更是作为一个新引进的诊断分类（Code V62.89）被列入 DSM 第 IV 版中，其范例包括由于信仰的丧失或质疑导致的痛苦体验、皈依新的信仰所带来的问题、质疑与有组织的教堂或宗教机构未必有关的精神价值（spiritual values）（Lukoff, 1998）。

上述三点既是学术趋势、现实要求，也是个人兴趣。从研究的逻辑起点看，本研究应该突出人类学及心理学的属性。为使研究有较高的视野，下面明确了本次研究的内容与意图。

二、研究内容与意图

1. 民间视野下的基督信仰

作为一个世界性的宗教，基督教具有很强的文化适应能力，"跨文化性"（transculturation）是其能够得以全球传播的根本特点（朱峰, 2009: 4）。基督教的跨文化性是指它能结合当地的社会文化传统，呈现出本土化的趋向。这一特性会产生两种影响：一是宗教本身，基督教结合当地社会文化传统进行适当改造，使其更易被当地居民所接受，如有学者就提出基督教的学术身份已从西方宗教转变到地方宗教（卢龙光, 2009: 2）；二是对外影响力，基督信仰的影响范围并不局限于它的信众这一内部群体，它甚至参与到地方精神的塑造中，如东正教参与塑造了俄罗斯的民族精神。研究的路径也相应有两个：一是自上而下的精英式研究路径，着重研究基督信仰的改造及其对基督徒和非基督徒产生的影响；二是自下而上的民间式研究路径，着重研究基督徒视角下的信仰解读与践行。

关于基督教的自上而下的精英式研究多特别关注基督教的"本色化运动"（indigenization）。本色化运动认为基督教在中国传播最重要的关节点在于基督教与中国文化的调试与融合，其基本思路承袭了利玛窦的"合儒""补儒"策略，即通过诠释儒家经典文献，主要从神学和礼仪两个方面揭示基督文化与儒教文化相结合的可能性，从而形成基督教存于中国的理论依据（张西平, 卓新平, 1998: 5-21; 陶飞亚、杨卫华, 2009: 156）。从起源来说，本色化运动是教会人士为了应对非基督教运动的兴起而做出的积极回应。在 19 世纪末就有丁韪良、花之安、李佳白等传教士在中国传统文化的基础上，寻求基督教与中国儒学思想对话与融合的可能，力图为基督教在中国文化处境中开辟出一条道路。理雅各（James Legge）是他们之中最有成就的，他的思想见其著作《中国的宗教：儒道及其与基督教的对比》。之后，随着华人本土领袖的兴起，本色化运动也转向基督教和中国文化的联接，最具代表性的著作是徐宝谦和吴雷川的《基督教与中国文化》，该书致力于基督教与中国文化的对比（陶飞亚、杨卫华，2009: 153-155）。由此开始，基督教与中国文化的对比研究成为国内外学者一直都很关注的主题。当代新儒家的第三代（如杜维明、刘述先等）以及国内不少学者极力提倡耶儒对话，他们着重于讨论儒家对终极性实体的理解，并将之与基督教的神学观作比较。

相比较从上而下的精英式研究，倾听底层声音的自下而上的研究并不多见。这两个路径的学理思想与大小传统[3]之争相呼应。大传统看似在中国这一农业社会中一直占据绝对的主导地位，但小传统受到的大传统的影响不是单向的、被动接受的，而是一种"传统的再造"（郑萍，2005）。因此，仅关注基督信仰的自上而下的研究路径并不能有效回答农民基督徒的生存现状，很有必要采取自下而上的研究路径来倾听真实的底层声音。

2. 中西文化困境中的基督徒文化心理

基督教是否可以作为西方文化的一个代表呢？由于宗教指向终极的超越精神，它在各民族的文化起源时包容其各种形式，因此在文化形式分化和发展后仍在文化中处于深层或核心地位。可以说，宗教是"文化精神的集中代表，是各个文化的深度之维"，它既是活力的源泉，也是统一的源泉，当一个民族完全丧失了以其宗教为代表的精神时，它的文化也就在世俗化的同时平面化、肤浅化，甚至僵滞衰朽、分崩离析（何光沪，1998: 4）。总之，宗教就是文化的精神，体现了文化形式中的统一性（何光沪，1998: 6）；宗教是文化的实质，文化是宗教的表现形式，没有宗教，各种文化形式便失去了效用和依据，没有文化形式，宗教就会被架空（参见 卓新平，2008: 396）。所以，

3　罗伯特·雷德菲尔德(Robert Redfield)在 1956 年出版的《农民社会与文化》(Peasant Society and Culture) 中提出的一种二元分析的框架——大传统与小传统，用来说明在复杂社会中存在的两个不同文化层次的传统。大传统(great tradition)是指"社会中占优势"的文化模式，尤其是指以城市为中心，社会中少数上层人士、知识分子所代表的文化；小传统（little tradition）是指复杂"社会中具有地方社区或地域性特色的" 文化模型。雷德菲尔德认为大传统和小传统是文明社会的两个方面，具有非常重要的地位。台湾学者李亦园将大小传统的概念运用于中国文化的研究。他发现中国文化大小传统之间的关系不仅非常微妙，而且互相纠缠。从传统文化与现代化的角度来看，以社会精英和大传统为核心的文化更易接受新的变革观念，与"现代"紧密联系，而以农民和小传统为核心的文化则不易接受新观念，是保守的，与"过去"联系，也被称为"草根力量"。在现代化过程中，大传统对小传统的影响也并非是绝对的，这一过程实际上是一种 "传统的再造"，并突出了小传统在这一再造过程中的作用。

在某种程度上，基督教文化可以作为西方文化的典范。

在现实生活中，中国基督徒不断遭遇文化传统与民族意识的潜移默化和冲击，应对现实与超越交织下的张力世界。在基督教传入中国的一些特定时期，基督徒曾承受基督徒身份和中国人身份的两难困境。一方面，他们皈依基督，基于纯粹信仰，想成为上帝的选民，获得救赎；而在另一方面，他们又是面对列强侵略的中国人，有时甚至被国人称为列强的走狗。在身份尴尬的困境中，作为一个整体的中国基督徒群体，已经并且还在良好履行基督徒和中国人的身份、责任和义务（卓新平，2000: 164-183）。在当下，随着中国的日益崛起和中西决然对立的烟消云散，以归属不同来划分基督徒的做法已不多见，但有其形成的心理定势与污名化仍常常显现，农村基督徒常被邻里称为怪异的人[4]。如此，中国基督徒如何在文化张力下的自我建构就显得尤为重要。

对于这一问题，学界立足于教会立场，提出两种不同的观点。其中，多数学者肯定文化适应（culture accommodation）的必要性。如邢福增（1995）就强调文化适应是中国基督徒在基督教文化东来的处境中，面对异文化与本土文化的差异以及承受由此而来的冲击时，寻求协调整合的方法。他以1860-1911年间文化程度较高的晚清中国基督徒群体为研究对象，认为在探求基督教与中国文化的结合上，这些人的挣扎及反省为中国基督徒身份的塑造写下了具体的注脚，并为教会本色化及处境化的工作，奠定了不容忽视的基础。由此，他主张文化适应是建立中国基督徒身份的必由之路。

尽管文化适应得到不少学者的支持，但另一些学者对文化适应的必要性和实践效果提出了质疑。有学者就指出，基督教的快速发展并非是适应中国文化的结果，相反是它与中国文化的差异产生了很大的吸引力。为了证实基督教文化适应的实践效果，徐理和（Erik Zurcher）提出"边缘宗教"这一概念，把基督教看作为中国社会中的一种特殊宗教类型。这种观点源于华人学者杨庆堃的宗教分类模式（钟鸣旦，1999: 515）。杨庆堃（1961/2006: 268-269）根据宗教组织结构的程度和特性，把宗教分为制度型宗教和分散型宗教：（1）制度型宗教（institutional religion）是指那些拥有独立的神学、仪式和组织系统，并独立于其它世俗制度的宗教；（2）分散型宗教（diffused religion）是指

---

4 在调查中，就有一些非基督徒认为，基督徒常常聚在一起，"唱唱、跳跳、哭哭，不是疯子是什么"。

那些拥有与世俗制度以及社会秩序的其它方面密切结合在一起的神学、礼仪和组织的宗教。"制度性宗教作为一个独立的系统运作，而分散性宗教作为世俗社会制度的一部分发挥作用"。基督教作为边缘性的制度性宗教的典型代表，如果要纳入中国传统社会的结构框架之中，在社会功能的地位上会受到很多方面的制约，包括对教徒及其修行方式的局限、在正规教育体系中没有给教徒受教育的机会，以及它在中国伦理体系中的影响力微弱等，而这些局限使得基督教只能是一种"边缘"宗教（杨庆堃，1961/2006: 298，钟鸣旦，1999: 515）。

如上所述，文化适应观点和边缘性宗教观点立都隐含文化社会张力是宗教发展必须要克服的困难。他山之石，可以攻玉。那么，具体到每一个中国基督徒身上，当下他们又是如何建构自己的认知体系则是我们关注的视角。这种对基督徒文化心理的考察具有一定的现实价值，它不仅有助于了解基督徒在文化困境中的选择，而且也有助于理解国人在面临外来西方文化冲击时的心理调适过程。

3. 当前中国文化传统的处境与特征

文化传统（culture tradition）是在历史长河中一代一代传承下来的，它是"支配着整个民族的一种习惯势力和精神力量，是一种集体的潜意识"。因为文化传统是千百年来文化发展沉淀的结果，早已成了一种强大的习惯势力，支配着现时人们的思维和行为，时时刻刻影响着现时文化的发展。人们将文化传统作为行动的指南，但却很难意识到它的存在；历史越悠久文化传统就越顽固，人们就越难意识到（陈国强，石奕龙，1990: 78）。因而像中国这样有着五千年悠久历史，文化传统对中国的影响尤为突出，一些心理学的实验研究也证明了其潜移默化地影响人们想法和行为的能力（周丽清，孙山，2009）。

中国社会历来重视传统且其历史源远流长，故而国人的"文化意识远远超过民族意识"（杜维明，1986/2001）。在各种文化传统中，儒学传统的影响力为首。李泽厚（2004: 1-2）曾指出，儒学"以一种历史的积淀和社会意识的潜质，渗入社会生活和社会心理深层，融入民族的各时期的思维模式、生活方式、道德价值以及人格习惯之中，以极有规律性、极有生命力的动力形态影响现代生活。""我至今认为，儒学在塑造、构造汉民族文化心理结构的历史过程中，大概起了无可替代、首屈一指的重要作用。"本研究之所以把伊洛地区作为调查的区域范围，正是因为伊洛地区在历史上长期处于政治文化中心，文化传统特别是儒学传统的历史积淀深厚，形成的河洛文化乃是中国传统文化的典型代表。

文化传统既然能潜移默化影响人们的思维和行为，那么异文化身份皈依的基督徒是否仍受其影响，如何显现，程度如何？相比较先辈及同代人，当代基督徒有什么样的变化？他们的文化社会认知如何，又会受到哪些因素的影响而发生改变？对这些问题的回答，有助于理解中国文化传统对当前人们的影响状况。为此，我们的最终目的，不是从已有理论构建出的中国人的心理框架出发，而是以现实生活中民间大众的真实现状为着眼点，从田野调查分析出发，确定终极诉求对地方基督徒认知和行为的影响，并据此建构出其影响的特征与作用机制。这种探索将扩充精神性研究的领域、资源、对象和视野，进而帮助增强国人的自我认识，更希望能为构建符合当下中国人的心理结构提供科学上的依据，这也是对学术研究"文化自觉"[5]的积极响应。

4. 农村基督徒的政治心理

亚里士多德在其名著《政治学》提出"人本质上是政治动物"(Men is by nature a political animal)。Abner Cohen（1979）认为，人基本上都是二维的人——同时是符号人和政治人，这两种角色是经常互动和不可分开的。任何符合都是双重使命的，既为生存目的服务，又为政治目的服务（Lewellen, 2003/2009: 126-127）。因此，政治对于基督徒而言，是不可避免的，也是不可或缺的。

相对于城市，农村地区的政治生态更需引起我们的关注。《人民日报》原总编辑范敬宜先生曾说过，"离基层越近，离真理就越近"。农民、农业和农村问题，始终是影响我国全局的根本性问题。中国现代化的最大问题就是农民、农业和农村的现代化问题，可以说，没有"三农"的现代化，也就没有中国的现代化。要想真正了解中国国情，就必须深入了解中国的农民和农村，深入了解中国农村的现状。在我国现代化发展的今天，农村和农民问题已然成为我国政治发展和政治稳定必须重视的问题。犹如 Huntington（1968/1988:

---

5 "文化自觉"为费孝通先生提出，其观点主要为在了解自己文化的基础上进行人类学的跨文化比较，通过文化间的对话，获得一种高度的文化自觉，进而消除文化之间的误解和偏见，达到"美美与共"的文化宽容境界（费孝通，1997）。其他学者也有类似的看法，如余英时（1992: 4-7）就呼吁国人只有发掘自己有的精神资源，更新自己继承的价值系统，才能期望在未来世界文化的创生过程中提出自己独特的贡献。

267）在《变革社会中的政治秩序》中指出的那样，"农村的作用是个变数：它不是稳定的根源，就是革命的根源。"这句话无论从现实中的情势来看，还是从学术研究的逻辑推论而言，都有其内在的合理性。基层农村政权是国家政权的基础。取消农业税后，基层农村政府"征、收、罚、惩"的任务几乎没有了，按理说基层治理应该更加优化，但近几年暴力抗法、越级上访、群体性事件却频频出现，甚至有加剧之趋势。为此，我们必须要准确把握到农民政治心理的现状，以便为政府制定农村政策和采取政治措施提供必要的社会心理依据，使其决策更符合广大农民群众的利益和要求，为广大农民所接受和拥护，在此基础上促进政治认同，维护政治安定，保证国家的路线、方针和政策在农村顺利地贯彻实施，推动社会协调稳定发展。基督教在农村地区的迅速发展，在社会管理领域引起广泛的讨论。而基督教信仰对农村信徒政治心理和政治认知的影响如何，则是理解和更好处理这一现象的理论基础。

　　虽然农村基督徒的研究很多，但对其政治心理的研究却不多见。中国社会经济的转型产生了许多不确定性，中国民众于此踌躇彷徨，牛发出对终极信仰确定性的诉求，从而引发了基督教的复兴。但对政府管理者而言，基督教会通过信仰团契组织起来的力量令人担忧，另外基督信仰宣扬的个人救赎与中国政治格局的集体大于个人相冲突，且基督教义与中国社会文化传统的张力存在，都导致国家管理者感到棘手（Hunter & Chan, 1993）。而现有研究发现，相比较非信教农民，农村地区的宗教徒政治参与意识呈现明显的差异，多数参与意识高，部分教民呈现政治冷漠，但其整体的政治参与水平和能力都较低；政治信息获取多为转述、广播电视等传统的渠道，但信息的准确度和信度较差；关心政治尤其是国家的大政方针政策以及领导人的行为，对关系自身利益的村庄政治也有较高关注，但对省市一级的政治信息了解较少，存在一定的关注落差（徐勇，邓大才，2012: 444-447）。那么，对农村基督徒而言，其政治心理的真实现状究竟如何，其政治认知的机制及特征如何？对这一问题的回答不仅能深入探究基督教信仰对农村信徒的心理影响程度，也能为我国基督教社会管理上的改进提供实证上的依据。

第二节 终极信仰：概念发展与本土化路径

一、概念澄清

终极信仰对应西文中的 spirituality（精神性）和 religion（宗教）。为能准确把握终极信仰的确切涵义，需要把握这两个词汇在西方语境下的含义及其发展变过程。

1. 精神性与宗教的含义

近年来，精神性、宗教激起了众多研究者的研究兴趣，已经成为流行词，越来越多的社会科学家们试图对这两个概念进行定义、研究和建立理论。然而，他们对宗教和精神性概念化和使用的方式却并不一致。尽管涌现出大量的研究成果，但对这两个概念的含义到底是什么没有达成一致意见。其中，对精神性的使用更是过于随意，以至于 Spilka 在 1993 年称精神性是一个"激情拥抱隐晦的单词"（a word that embraces obscurity with passion），并将这个概念贴上"模糊"的标签（Zinnbauer et al., 1997; Spilka, 1993:1）。这种定义上的混乱状况不仅成为有关研究进一步发展的阻碍，它还会导致个人在提升精神性实践活动中出现种种问题（Jernigan, 2001）。

1）宗教：心理学的理解

自宗教成为研究关注的一个焦点以来，关于宗教的定义层出不穷。但是，宗教对不同的人来说有着不同的含义，就连学者也不会例外。学者们从不同的角度和学科背景出发，对宗教含义的界定各不相同（吕大吉，1998；成穷，2003）。其中，心理学对宗教的理解不同于其他学科，了解不同学科中宗教的内涵，有助于对宗教本质的深入了解和全面把握。

在心理学领域，尽管很早学者们就开始区分 *psyche*（the psychological soul, 心理灵魂）与 *pneuma*（the religious spirit, 宗教精神），但学界一般都认为现代心理学对宗教的关注始于 20 世纪初（Hill et al., 2000; Zinnbauer, Pargament, & Scott, 1999）。在整个二十世纪的大部分时间里，心理学和宗教并不融洽（Loewenthal, 2000/2002）。在上半叶，有关宗教的心理学研究大都基于经典精神分析理论，即追随弗洛伊德在《图腾与禁忌》（Totem and Taboo, 1913），特别是《文明及其不满》（Civilization and Its Discontents, 1929）与《摩西与一神教》（Moses and Monotheism, 1939）等著作中的相关论述，把宗教视为一种病理症状，或远古人类和原始地区居民的特征。总的来说，当时的著作大都带着殖民主义者的眼光，仅 James 在著作《宗教经验种种》中的论述比较公允。
James 在该书中的论述深具洞察力，对后来研究具有极大的指导价值，影响至
今（Bartoli, 2007; Kapuscinski & Masters, 2010; e.g., Hill et al., 2000; Hill &
Pargament, 2003, 2008）。

　　从实用主义的观点出发，James 提出宗教生活是人类最重要的功能。据
此，他认为宗教之所以应该成为心理学研究的对象，是在于宗教经验在促进
道德和心理健康中具有巨大的效用（Kapuscinski & Masters, 2010）。不仅如
此，James 还充分肯定了人的宗教本性。他将其在由一系列讲座组成的经典
著作《宗教经验种种》中，将副标题命名为"人性的研究"（A Study in Human
Nature），表明其目的是将宗教生活与人性之间联系起来，从宗教生活中理解
人性（尚新建，2008: 8-9）。这种观点被心理学界普遍认同，进而主张如果不
考虑宗教则无法完全理解人类的心理本质（the psychological nature of human
beings）。对心理学者而言，他们所关注的并非教会的礼仪制度，而是宗教中
所蕴含的精神事宜（matters of the spirit）。因为，在他们看来，正是这种精神
才使我们成为唯一的人类（Matsumoto, 2009: 438）。

　　James（1902/2008: 22）把宗教区分为两个方面——"原生"（firsthand）
经验的个人宗教以及继承传统的"次生"（secondhand）制度宗教。在他看来，
制度宗教是宗教的外表形式，相比较而言，宗教的本质部分在于个人的宗教
经验，个人宗教比制度宗教史根本：

> 　　个人宗教，至少在某种意义上，证明比神学或教会主义
> （ecclesiasticisms）更根本。教会一经建立，便间接地依存于传统。
> 然而无论哪个教会，其创立者的力量最初都来源于他们个人与神的
> 直接感通。不仅基督、佛陀、穆罕默德这等超人的创教者如此，而
> 且一切基督教派的组织者，都莫过于此。所以，连那些仍旧坚持个
> 人宗教残缺不全的人，似乎也承认它是最原始的东西。（James,
> 1902/2008: 21-22）

　　在个人宗教经验的基础上，James 进一步提出宗教的实质为"个人独自产
生的某些感情、行为和经验，使他觉得自己与他所认为的神圣对象发生关系"。
这种对宗教的划分及看法为后来的心理学者所接受，通览现代心理学的历史，
对宗教的建构都包括个人和制度两个方面（Hill & Pargament, 2003, 2008）。他
们基于 James 的工作，大多偏重于个人宗教经验，给出功能性的定义。如，

Clark（1958）认为，宗教是"个人感知到超越力量时的内心体验，尤其表现在其试图协调超越力量与自己的生活时，内心经验对其行为的影响"；Bellah（1970: 21）主张"宗教是一套象征的形式和行为，它把人与其存在终极状态联系起来"；Meissner（1987: 119）则提出宗教是用来指示与神圣或超越性有关的人类的一切方面，它是人类生命和价值的来源及目标；而Pargament（1997: 32）明确主张"宗教是一种过程，是以与神圣事物相关的方式对意义的一种追求"。与此同时，还有部分研究者从传统定义方式出发，结合制度性宗教，来探求宗教的本质。如Argyle 和Beit-Hallahmi（1975: 1）认为，宗教是"对神圣力量或超常力量的信念，以及对此力量的崇拜实践和其他仪式组成的一个体系"。

以上两种不同的定义方式，对应于Pargament（1997: 25-27）对宗教定义的划分。在Pargament看来，社会科学对宗教的定义方式，不是"实质取向"，就是"功能取向"：在"实质取向"（the substantive approach）看来，"神圣事物"是宗教的显著特征，宗教是与上帝、神灵、超自然生灵、超验力量以及与这些较高势力相关的一切事物；"功能取向"（the functional approach）则认为宗教是以生命的特定功能而非神圣实体为特征，宗教关注于人们如何才能正视生命的终极性问题。"实质取向"的焦点是与较高势力或神圣事物有关的个体信念、情绪、实践以及关系；"功能取向"尽管像实质取向一样也涉及到信念、情绪、实践和体验，但其焦点在于如何用它们来处理生命、死亡、苦难、悲惨、罪恶、疼痛和不公这些存在的根本问题。尽管这两种趋向都相当广泛，包括许多范畴的要素，但从总的趋势来说，功能取向的定义越来越受到重视。研究者们开始把宗教理解为活动和生活的一种方式，他们认为宗教是伴随着共同生活的独特方式以及用于讨论他们"正在做的和为什么要做"的语言，而形成的"独特的情感，独特的习惯、实践或者道德，独特的目标、欲望、激情和承诺，以及独特的信念和思维的方式"（Dykstra, 1986）。目前，心理学对宗教的理解是：（a）对意义（meaning）的一种特定追寻；（b）有助于加强自我控制；（c）由对统一、整合、和谐的需求所激发；（d）满足对亲密感、社会支持以及身份认同和归属感的需要；（e）促进和增强利他的倾向（Matsumoto, 2009: 438）。

基于上述分析可见，心理学对宗教的理解是基于James所提出的个人宗教经验。在具体使用中，心理学界所理解的宗教不限定在具体的宗教形态中，而是更为普遍和抽象的层面，可以视为宗教性（religiousness）的替代词，在具体应用中二者是可以互换的。如，Hill 与 Pargament 在三篇关于宗教与精神性的重要文章中，交替使用 religion 和 religiousness（Hill & Pargament, 2000, 2003, 2008）。与此同时，在提及宗教性的几篇文章中，对宗教性的界定都为宗教的相关定义，甚至其中一篇文章的标题也以 religion 来替代 religiousness（Zinnbauer et al., 1997; Zinnbauer, & Pargament, 1999, 2005: 23）。其他相关文献都存在相同情况。

2）精神性

James 所提倡的个人宗教经验已成为心理学的研究主题，但同时也奠定了现代心理学研究中宗教和精神性密不可分的历史基础（Kapuscinski & Masters, 2010）。随着个人宗教的发展，西方社会出现了一种新的精神实践活动——"spiritual, but not religious"，表述更加个人化和私人化，不再依附于传统的制度宗教，此外还存在宗教文化的多元化，这些都促使了宗教（性）和精神性的理解呈现多样化（Zinnbauer, Pargament, & Scott, 1999）。

Smith 和 Orlinsky（2004）把精神性分为制度宗教性（institutional religiosity）和个体精神性（individual spirituality）。在他们看来，个体精神性偏重于个人内在的方面，独立于宗教组织。其后的学者多依据这个分类，对精神性进行阐述。总的来看，尽管学界对精神性的界定不尽相同，但一般来说，精神性起初被理解为与教会生活相对应的尘世，现被理解为个体化的、非制度性的通过寻求神圣存在而获得生命终极意义的精神现象，常指非宗教人士的终极观念系统（Wink & Dillon, 2002）。相比较宗教一般被认为是外在制度性的、文化习俗熏陶或培育的终极观，精神性则被认为是个人经验性的、自我选择性的终极观（Kapuscinski & Masters, 2010）。

2. 精神性与宗教的关联性

由于相关概念的模糊，不少学者关注于精神性与宗教的差别上。他们认为，出现概念模糊的原因是精神性在与宗教区别开的过程中，吸收了形式上属于宗教信仰的一些要素（Zinnbauer et al., 1997），这不仅使宗教定义的范围和兼容性受到影响，同时也使精神性的内涵如同宗教一样模糊不清、各不相同。此外，由于精神性能满足研究者的诸多需求，引起研究者们的广泛兴趣，他们在使用时往往是根据自己的需要赋予精神性太多的内容和作用，这也是导致其概念模糊的一个重要原因（Bregman, 2006）。针对这一情形，一些研究者提出精神性与宗教的区分特征。Dalton、Elias 和 Wandersman（2001）认为宗教是体制化的宗教信仰、行为和宗教社会活动，而精神性则是个人性的。这一观点得到了其他学者的认可，Nelson（2009: 547）在谈到精神性时就认为：精神性常常被定义为与超越和神圣事物的关系中那种体验方面和个人方面；而在宗教传统中，精神性是指信徒所体验的宗教生存实在（the living reality）。在区分的过程中，一些心理学研究者把宗教和精神性对立起来，集中表现在三个方面：宗教是制度性的，而精神性是个人的；宗教是实质性的，而精神性是功能性的；宗教是世俗、有害的，而精神性是崇高、有益的（Zinnbauer, Pargament, & Scott, 1999）。

尽管对精神性与宗教区分的重视有利于将来研究的开展，但不能因此而忽视了两者之间的密切关联。精神性和宗教的相关性远强于其差异性，它们是两个相关联的建构，而非独立建构，且对它们的研究基本都置于宗教背景下进行的（Hill & Pargament, 2008）。综合已有论述，二者具有共同的本质如下（徐凯, 2013）：

首先，从词汇发生与发展的角度来看，精神性源于宗教。精神性这一概念在其发展过程中，常与宗教常常混淆在一起。甚至有学者指出，历史上两者没有什么区别（Turner et al., 1995）。从词源来看，spirituality 来自拉丁文spiritus, spiritualis，其本意是"呼吸"，意指生命的呼吸。据 Michael Downer（1993: 1083）的研究，spirituality 出自《《圣经》·新约》保罗的书信，但在其内容中保罗所说的"属灵"是指用圣灵引领一生。"spirituality"这个英文单词在 17 世纪开始使用，但一直没有引起重视，在整个 19 世纪也没有得到普遍使用，直到 20 世纪中叶这一情况才得以改变，它开始被用于代替笃信（devotion）、虔诚（piety）、内在生命（interior life）与心灵生命（life of the soul）等词语（Downer, 1993: 1083）。特别是上世纪世俗主义（secularism）的兴起，以及一种流行的幻灭（a popular disillusionment）——把宗教机构视为个人体验神圣事物的障碍，公众对宗教以及宗教领袖的信任下降，精神性才开始获得独特性的意义和内涵（Turner et al., 1995）。

从另一方面来说，既然精神性源自宗教，那么宗教本身应该富含精神性。Bregman（2006）在对宗教学者的思想进行回顾时发现，把宗教视为内在的、个人的能力或倾向，而不是公共机构或教义的这种类似于精神性的看法，已经存在很长一段的时间，至少可以追溯到自由主义新教神学创立者施莱尔马赫（Friedrich Schleiermacher）那里。施莱尔马赫在 1799 年的《论宗教》（On Religion: Speeches to Its Cultured Despisers）中，重新定义了宗教，认为宗教的本质既不是信念也不是行动，而是对整体优先和绝对依赖的感受，或者是"在有限中对无限的知觉和体验"。他的这一定义为将来把宗教定位到人内在的深处铺平了道路。但由于施莱尔马赫及其追随者把内在感受性（interiority sensibility）之外的太多方面和实践包含在内，这就需要一个能替代宗教的词汇。这个词汇不仅能呼应"宗教"的某些方面，还能切断自身与教义和公共机构的联系。随后，精神性才应运而生，到 20 世纪中期后开始得到普遍使用。综上所述，就词源而论，精神性与宗教（性）本为一体，具有完全的同质性。

其次，从词汇的使用上看，尽管有学者有意把精神性与宗教区别开来，但在多数相关研究并没有对两者做明确的区分（Spilka et al., 2003: 8）。他们常常交替或者不一致地使用它们，如通过在 PsycINFO 上的搜索后发现，有相当多的研究者是把 spirituality 与 religion（或 religiousness）等同起来使用。此外，在测量工具上，过去用于测量宗教的成熟工具现被用来测量精神性，其内容除了用宗教来替代精神性外，基本没有任何变化。如简明多维宗教性/精神性量表（the Brief Multidimensional Measure of Religiousness/ Spirituality, BMMRS）（Fetzer Institute/NIA, 1999; Harris, Sherritt, Holder, Kulig, Shrier, & Knight, 2008; Johnstone & Yoon, 2009; Traphagan, 2005）。这表明，精神性在心理学的相关研究中被视为宗教的同义词（Spilka et al., 2003: 8）。

精神性和宗教的对立不再局限于学术领域，它开始波及到整个西方社会。西人在日常生活中开始兴起一个流行语——"Spiritual But Not Religious"（SBNR）（Wikipedia, 2011），用于指一种对精神性自我认同的生活态度，但不再把传统的制度性宗教视为灵性增长的唯一或最重要手段（Fuller, 2001: 6）。看似西人常把精神性和宗教作为对立的两个概念来谈论，但现实却恰恰相反，持此看法的人并不是很多。Zinnbauer 等人（1997）关于宗教定义的研究也证实，人们把精神性与宗教看作是高度相似的。研究者从 11 个组织中，包括从基督宗教和与教会相关的机构中抽取 348 名被试，要求被试选择一项对自己宗教信仰和精神性描述最贴切的陈述：①我既有精神性又有宗教信仰；②我有精神性但没有宗教信仰；③我有宗教性但没有精神性；④我既没有精神性也没有宗教信仰。结果发现，选择①的占 74%，选择②的占 19%，两者占了绝大部分；而选择③和④的仅仅只占 4%和 3%。从上面的数据中可以看出，当代西人对精神性非常重视，而其中绝大部分是把精神性与宗教联系起来的。因此可以把这两个词视为同义词，当人们报告重视宗教时，他们也宣称重视精神性。Marler 与 Hadaway（2002）以 Zinnbauer 等人的研究、Roof 的婴儿潮研究（1993, 2002）、1999 年的盖勒普和 2000 年精神性和健康人口调查为基础，统计了人们如何看待自我的宗教/精神性认同，结果证实了 Zinnbauer 等人的结果。

表 1-1　宗教和精神性的类型

		宗 教 性	
		高（互动、参与） （人口比例）	低（脱离，漠不关心） （人口比例）
精神性	高	传统整合 （59-74%）	精神追求者个人主义 （14-20%）
	低	文化教条 （4-15%）	不感兴趣或敌对的 （3-12%）

资料来源：Marler: L., & Hadaway, C. K. (2002). Being religious" or "being spiritual" in America: A zero-sum proposition? Journal for the Scientific Study of Religion, 41, 289-300.

这些研究都在一定程度上反映了精神性与宗教的关联，多"religious and spiritual"而少"spiritual, not religious"。同时说明在信徒身上更易发现精神性，因此，信徒是研究终极信仰的一个较为合适的群体。

再次，从实现途径来看，宗教是精神性提升的有效途径，如 Elkins（1998/2007: 23）所言：

> Spirituality 是滋养一个人灵魂、发展其精神生活的过程和结果。尽管许多人是在传统宗教的语境下实现这些的，但必须承认，宗教只是灵性发展的一种路径，还有许多种不同的路径。因此，Spirituality 是所有滋养自己的灵魂、发展自身的精神生活的人们都可以接近的，无论他们是在传统宗教的围墙之内还是之外。

国内的一些研究证实了宗教所带来的精神性的提高。梁恒豪（2006）研究发现，在中国大学生中，有宗教信仰（基督教、佛教）的要比没有宗教背景的学生具有更高的精神性。戴燕（2008）调查了青海省基督徒信教后的变化，结果发现基督教徒都承认自己信教后在身心等方面发生了朝向好的变化。

最后，从本质来看，两者有共通之处。Hill 等人（2000）强调精神性是对传统的宗教信仰概念的扩展，而不是所谓后现代意义上的"取代"。Wulff（1997）更是主张，精神性可能是一个当代多元社会里的宗教的替代物，因为精神性是所有宗教文化传统共有的本质。Hill 和 Pargament（2003, 2008）总结了区分宗教与精神性会带来的弊端：第一，把宗教和精神性分裂到制度和个体领域中，它忽略了下列事实，即所有精神性的形式是在一定的社会背景下才得以表达，而所有组织的信仰传统都对个人事务感兴趣；第二，这个不断发展的定义隐含着精神性是好的而宗教是坏的意思，而这种过于简单化的观点忽视了无论是宗教还是精神性都具有潜在的长处和短处；第三，经验事实是，绝大多数在组织性的宗教情景中体验到精神性的人，根本不能区分两者；最后，宗教和精神性的极化可能会导致在概念和测量上的不必要的重复。目前对宗教性的测量覆盖了个体和制度全部领域，如果说是根据精神性的标准而设计出新的测量，那也许就是旧瓶装新酒。Stanczak（2006: 20）认为对精神性和宗教的知觉上的分歧，会导致个人精神性与社会背景的隔离。宗教主要是集体的、公共的和共享的，而精神性却同时是既是集体的又是个体的、既是公共的又是私人的、既是共享的又是内在私隐的，进而主张用"参与式精神性"（engaged spirituality）来囊括这些连接，强调与外部世界的联系。

综上所述，尽管二者存在一些差异，但无论是宗教（性）还是精神性在产生、使用、实现途径上都密不可分；此外，它们具有的共同本质正是终极信仰的反映，这也是本书将其作为英文对应词的基础和出发点。

3. 终极信仰的操作性定义

基于 Jernigan（2001）在其研究中的有关论述[6]，终极信仰的操作性定义应该满足下列条件：与研究的目的相关；有效的；把握到不同文化和宗教背景中终极信仰共有的本质；在识别和评估上的有用性。

之所以强调与研究的目的相关，是因为：相关定义如此之多，一方面反

6　Jernigan, H. L. (2001). Spirituality in older adults: A cross-cultural and interfaith perspective. Pastoral Psychology, 49, 413-437: 1. valid in the light of the author's clinical experience working in different cultures; 2. relevant to the experience of persons in different cultural and religious contexts; 3. relevant to the aging process; 4. useful for identifying and assessing spirituality in the lives of older persons and the cultures in which they live.

映了宗教和精神性生活的复杂性，在不同地域、民族和文化传统中有着不同的表现形态；另一方面，也反映了研究者的不同出发点、兴趣和视角。正如Hood 等人（1996）指出的，没有一个宗教的视角在后现代文化中占主导地位，而是多种视角同时存在。因为宗教是如此复杂和个人化的，以至于没有一个定义能完全胜任，所以没有必要给出一个的定义，最合适的做法是根据研究现象和兴趣建构出一个与之相关的定义，这个定义应该与其他的观点相比较和对比，而且定义也应该是明确、清晰、可理解的，以便当讨论时能明白其意，也就是说它提供了一个组织思想和研究的框架（Pargament, 1997: 24）。在这一点上，著名人类学家 Frazer（1922/1998: 77）也持相同的看法。在他看来，可行的方案就是研究者给宗教下一个在自己研究中所适用的定义并贯穿其中。

根据研究的目的，结合相关文献，本书赞同终极信仰一般指超越日常生活，涉及生命意义、生死参悟和个人整合等主题，具有终极关怀性质的心理建构（Jernigan, 2001; Roof, 1999）；终极信仰超越但不脱离日常生活，它并不局限在特定的时间和场合，而是对生命进行探寻、体验、培育和维持的方式（Hill & Pargament, 2003）。总之，终极信仰是超越日常生活具有终极性质的对生命意义进行探寻、体验、培育和维持的心理建构。

关于终极信仰，还需要注意它的两个特征。一是，终极信仰的发展受到众多因素的影响，如人格、家庭、同伴、学校、宗教机构，甚至遗传等（King & Roeser, 2009），这使终极信仰的具体内容和明确程度随个体的不同而有所不同：有些人是清晰意识到，甚至形成有机体系，而另一些人却是模糊的，甚至处于潜意识层面。二是，宗教是追寻终极信仰的便利途径，但绝不是唯一途径，如目前学界对儒学精神性日益关注（Tu, Wei-ming & Tucker, 2004; 香港浸会大学宗教与哲学系, 2009）。近些年，儒学与精神性的内在联系已引起当代中国儒学的重要关注，在 2007 年香港浸会大学就举行了"当代儒学与精神性学术研讨会"。

二、终极信仰发展的时代背景

终极信仰（宗教、精神性）的建构是动态的而非静止的，它的兴起并非偶然现象，而是时代精神的反映（Bartoli, 2007）。为适应西方文化世俗化（secularization）的趋势，心理学界及宗教界都重视人的终极性需求，这使终极信仰研究兴起（Kapuscinski & Masters, 2010; Zinnbauer, Pargament, & Scott,

1999）。

1. 宗教的时代响应

随着世俗化的兴盛，宗教的性质和形式也发生着变化，强度不断减弱，出现心理学化和去神圣化的趋势（Cirpriani & Ferrarotti, 2005: 183-184）。当前，把宗教视为“是生活的模式，其价值就是促使人性趋于完美的力量”，已成为共识（Smith, 1995/2001: 10）。

对于宗教应该符合时代的精神，Binkley（1969/1983: 287）进行了非常清晰的阐述：在圣保罗和圣奥古斯丁时代，他们按照希腊哲学解释耶稣的重要性；十三世纪，托马斯·阿奎那使基督信仰与亚里士多德哲学相适应；对当代神学来说，必须要符合当代人存在的需求，“如果宗教要对现代人有任何价值，它必须适合他们生活环境的需要。”对探索生活方式的人来说，“只有在证明了宗教和人类本身的存在有关，它才能继续成为改造人生的一种力量”。

早在 19 世纪末 20 世纪初，Simmel（2003）就立足于生命哲学的视野，明确要把宗教性从宗教中区分出来。人们通常习惯于将宗教理解为一套教义、组织、仪式仪规、教堂机构等系统，但 Simmel 认为，这仅为具有特定形态的宗教客体，并不是宗教的本质。宗教的本质即宗教性，它是一种内在的生命特征，是先天的灵魂品性，而指称一种外在的客观的教义和机构的宗教，则是后大建构的结果。在 Simmel 看来，宗教性是宗教的核心。

随后，神学家们为适应时代的要求，提出了自己的观点，使宗教出现私人化的趋势。Luckmann（1967/2003: 1）提出“无形的宗教”（Invisible religion）的概念，认为在现代社会中，宗教已从有形宗教（即以教会为制度基础的信念体制）转变为以个人虔心为基础的无形宗教，即宗教影响日益衰退只是组织性宗教影响的弱化而已，宗教并未从社会中消失，它仅是在形式上发生了变化而已，从以前的“看得见”变成现代看不见的“无形宗教”，在社会结构中，它对人们日常生活的影响依在。同时，他提出，“一旦宗教被定义为‘私人事务’，个人就有可能从‘终极’意义的聚集中挑选他认为合适的东西”（Luckmann, 1967/2003: 109-110）。也就是说，宗教愈来愈表现为一种个人化的形式，即宗教的“私人化”。这一观点已成为宗教与现代问题的重要著述，标志着从传统宗教中分离出私人的、去制度化的意义领域。

对于基督教来说，在当代的意义如何体现？被誉为“当代神学大师”的 Tillich（1958/1988: 1-9）依从存在主义哲学，维持基督教神学的立场，通过对基督教传统教义及《圣经》文本和象征的全面诠释来寻求有助于当代人走出生存困境的道路。Tillich 主张，宗教展示了人类精神生活的深层，使之从日常生活的尘嚣和世俗琐事的嘈杂中显露出来，它向我们提供了对神圣之物的一种体验，这种神圣是终极的意义和最后勇气的源泉。若从由此出发我们可以探究人类精神生活深层的那种角度出发去看待人类精神，那么人类精神本身就表现为宗教，所以宗教是"人类精神生活所有机能的基础"。而"深层"就是宗教的终极关怀——它指向人类精神生活中终极的、无限的、无条件的方面。也可以说，宗教就是被一种"终极关怀"紧紧把握住的状态。Tillich 把信仰重新定位为"终极关怀"，把信仰视为内在的、普遍的人类能力，而没有具体规定是对上帝、基督、《圣经》等的信仰，与前面所提到过 Gorsuch 对"精神性"的定义非常类似，以至于许多人说 Tillich 关注精神性多于信仰和宗教（Spilka et al, 2003: 10）。有研究者更是把"spirituality" 视为标志了西方关于宗教思考的新历史时代的开始，在切断与普遍公众意义联系的世界中追寻个体的、私人的和内在的体验（Bregman, 2006）。具体来说，宗教私人化含义是"宗教日益在私人领域中找到其伦理基础，在这一趋向中，宗教日益此岸化。结果，宗教的领域既是个体之间的（interpersonal），又是内向的（inward），前一种涉及私人领域中的社会关系，后一种性质涉及私人域中的认同问题"。这个概念描述的是，"宗教在个体层面的位移，与世俗化概念描述的宗教在社会层面的位移，构成结构性关系"（刘小枫, 1998: 501），也就是说，宗教的私人化是自由民主社会的结构特征的一个方面，是被用来描述宗教信念方式的变化。

宗教的私人化对现代社会来说，有两方面的结果。首先，宗教的私人化不同于传统社会中皈依过程更多依附于社团、家庭的因素，它使皈依过程中个人选择的因素增大了。皈依过程的个体化表现为"超验的收缩"——个体性的私人问题更多渗入宗教的皈依过程中。这就意味着通过宗教的皈依，个体更多的走向自我的建构，使个体化得以实现。"超验的收缩"因此也意味着，通过宗教皈依，"个体更多确定的不是与彼岸的关系，而是高度分化的社会处境中个体的定位"（刘小枫, 1998: 502-503）。其次，皈依决定性因素向个体性转移，必然影响到宗教的社会形式——宗教行为的社会化组织的多元性，使个人皈依脱离建制性的意义知识系统，出现建构形式的转变："为社会秩序和基本道德提供基础的，不再是某一种在合法冲突中的意义知识的统一性社会治权，而是多种意义知识共同支撑的多元的意义知识网络"。但需要注意的是，这并不意味着组织化宗教的消失，也不等于意义共识的建制本身的丧失，因为它并没有脱离整个社会结构（刘小枫，1998: 504-508）。

宗教的私人化趋势在国内也得到了验证。常薇（2008）的研究发现，相 50 岁以上的信徒对基督信仰怀有更多的目的性和工具性，更加倾向于运用基督信仰为自己服务；而 50 岁以下的信徒则更愿意把基督信仰内化于生命之中。此研究结果和之前国外的一些研究相左，因为老年人处于知天命的阶段，应该对工具性的诉求不断降低，他们所具有的精神性也该更高。这里不排除受到文化、样本的制约，但至少反映了在当前中国，随着社会的发展进步，人们追寻精神性的愿望不断加强。

2. 心理学的时代响应

与宗教界一样，心理学界对宗教态度的改变也始于上世纪五六十年代，在 80 年代急剧变化。其重要特征为，把宗教和精神的信仰与实践视为人类发展的标志，而非像弗洛伊德经典精神分析学派那样视为病理症状（Bartoli, 2007）。这种趋势来自于人本—存在主义的视角（humanistic-existential perspective），这一视角最初属于存在主义哲学和人本主义心理学的范畴，映射 Frankl 在《活出意义来》（Man's Search For Meaning）（1963）、Maslow 在《人性能够达到的境界》（The Farther Reaches of Human Nature）（1971）中所涉及的领域，唯一的不同在于它的目的不是为了争取人格心理理论的科学地位（Bregman, 2006）。

改变最早来自精神分析学派内部。出于不同意弗洛伊德对宗教的看法，精神分析的代表人物 Jung（1926）提出"个人神话"（personal myth），以他自己与神圣事物的独特关系来对比分析世界各地人类传统神话。这个概念类似于卢克曼的"无形的宗教"、蒂利希的"终极关怀"。这些概念有不同程度的重叠，尽管不完全等同于终极信仰的涵义，但与终极信仰有很多的相同之处，因此了解他们在历史进程中的地位，有助于对终极信仰内涵的把握（Bregman, 2006）。

其后，Fromm 在 1950 年出版《心理分析和宗教》（Psychoanalysis and Religion），作为 1947 年《自我的追寻》（Man for Himself: An Inquiry into the Psychology of Ethics）中思想的一种继续。在书中，弗洛姆将宗教分为权威主义宗教和人本主义宗教。在他看来，权威主义宗教认为人存在的有限和局限，因而使人处于一种无力感，从而贬抑了人存在的价值。与之相对，人本主义宗教则承认人存在的优先性，主张人实现自己的最高潜能，并建立其在这个世界的主体性地位（Fromm, 1950/2006: 29-32）。

随后，在先驱 James、Jung、Frankl 的启迪下，Maslow、Sutich 等人做了补充、扩展和提升，提出超个人心理学（transpersonal psychology , TP）。超个人心理学"不仅关注于个人及其潜能的充分实现，而且更加关注超越个人的经验和精神生活，将个人的生命与外部的世界和意义联系起来的精神领域"（郭永玉, 2003: 127），现已发展成为心理学的第四势力。Lajoie 和 Shapiro（1992）收集了 1968 年到 1991 年这二十三年间所有关于超个人心理学定义，发现最常见的主题是意识状态、终极潜能（ultimate potential）、超越自我（beyond ego）、超越性和精神性，最后把超个人心理学定义为"关注的是人的最高潜能（highest potential）、以及对统一的（unitive）、精神性的、超越的意识状态的认可、理解和实现"。这种心理学新的发展方向，主要探究人类的精神与潜能的终极价值和真我完满实现的问题（车文博, 2003: 476），其研究领域是关于人的精神性（杨韶刚, 2006: 1）。此外，从其来源上来讲，它汲取精神传统的智慧，进而提供一种包含身体、心理和精神（body-mind-spirit）的构架从而全面认识人类自己（郭永玉, 2003: 127）。

人类意识自最初萌芽开始，就存在一种对生活的内向观察与外向的观察共存的倾向，"人类的文化越往后走，这种内心观察就变得越加显著"（Cassirer, 2004: 6）。认识自我、关注自身的生存和未来命运是当时代人与生俱来的一种本性。无论在宗教界还是在心理学界，终极信仰成为学术热点，是与当代的时代精神相吻合。

三、终极信仰本土化研究的路径

鉴于现有研究的不足，亟需从中国社会文化背景出发，对终极信仰进行研究。这首先需要解决两个问题：一是如何避免对西方理论框架的依赖，实现研究的本土化？二是如何才能有效考察终极信仰？对于第一个问题，在研究策略上，采用"问题为中心"、"自下而上"的研究策略（景怀斌, 2008, 2006），即从所研究的问题实际出发，构建研究框架，选择综合的方法，进行理论分析与构建。这种策略在文化的契合性上更符合中国社会文化的实际，能更好地揭示终极信仰对中国人影响的机制和规律。对于第二个问题，能否准确把握切入点非常关键。本书将基督信仰作为研究的对象，其合理性在于：

首先，终极信仰与基督教有着天然的联系，从词源来看，它就源于基督教《圣经》新约中保罗的书信（Downer, 1993）。终极信仰的本质，既因在"彼岸"（out there）而具有超越性，而且也是我们的身命（bodily life）、日常经验和实践所内在固有的（Nelson, 2009: 3-4）。在这方面，基督教具有得天独厚的优势：不同于其他一些宗教传统，基督教既强调超越性（transcendence），又强调内在性（immanence）：神圣事物既可以在人的内心发现，也可以在外部世界发现；它可能产生于戏剧性的宗教经验中，也可能产生于孩子对其父母的那种简单而平静的爱（Nelson, 2009: 4）。终极信仰在西方文化中对应的两个概念——spirituality 和 religion，具有浓重的基督教文化色彩，与中国传统的基于天道的"仁"的终极信仰性质不同（景怀斌, 2012）。

其次，终极信仰源于宗教，宗教则是终极信仰的主要载体及其集中体现，二者关系非常紧密（参见 Bregman, 2006; Spilka, Hood, Hunsberger, & Gorsuch, 1995）。宗教的"功能取向"传统一直关注于如何才能正视生命的终极性问题（ultimate issues）（Pargament, 1997），认为个体的内心倾向比教会、教义、仪式等更为根本（参见 Müller, 1873/1989; James, 1902/2008: 20-22）。就宗教存在本质和价值意义而言，宗教是超越精神的表现，它最为根本的指向便是提供了一个超越精神的解释和超越路径的选择及其带来的终极性的意义（世界宗教入门编委, 2008: 2）。故而，宗教所体现的特点集中表现为，以其崇拜礼仪、社会实践、道德规范等形式寻觅终极意义，强调个人及群体的精神性（灵性）存在（卓新平, 1994）。而对于作为世界性宗教的基督教来说，其本身就必定会给出一个超越性精神的解释，提供终极性的意义。将其作为研究的切入点，可以避免现有对终极信仰解构式分析研究的缺陷，从而更具生态优势。正是由于基督教是典型的系统化、制度化的终极信仰系统，十分适合作为终极信仰研究的切入点。

再次，人们在日常生活把终极信仰与宗教看作是高度相似、没有区别的（Hill & Pargament, 2003; Marler & Hadaway, 2002; Zinnbauer et al, 1997）。如果将终极信仰和宗教做出区分，就会导致个人终极信仰与社会背景的隔离（Stanczak, 2006）。相比较西方文化背景，在中国社会文化背景下，更没有必要对终极信仰和宗教做出明确的区分。Takahashi 与 Ide（2003）对终极信仰与宗教的区分进行跨文化研究，结果显示在东亚文化中终极信仰与宗教更难区分。

最后，基督信仰维持着西方文化形式的统一性和连续性，是其重要的组成部分（Barnard, 2010; 何光沪, 1998），在许多方面与中国的文化传统有所不同。但现实是，中国人的文化意识远远超过民族意识（杜维明, 1986/ 2001），且中国文化传统是内隐和稳定的，较少受到其他因素的影响，能潜移默化地影响着人们的想法和行为（周丽清，孙山，2009），在农村地区的表现尤为明显。那么，通过考察处于此种困境中的中国农民基督徒可以使研究更具操作性和生态效度。

终极信仰与所有类型和水平的经验（包括普通与超常；社会、情景与个人）相互关联，呈现出它们作为一个动态过程的特点。这对研究者提出挑战——如何把研究置于一个关于个人、情景和社会的宽广背景之中，将研究对象与其生活经历联系起来；且需要接近、伴随研究的对象，了解他们在面对生活不断变化的需求和挑战时如何寻求意义，把握其本质（Zinnbauer, Pargament, & Scott, 1999）。这对本研究的要求就是，将心理学的相关概念、视角、研究领域与田野调查结合起来，以实现心理学与人类学在相关研究中的有机结合。

田野点 C 镇[7]在历史上儒、佛、道曾十分流行，至今仍对当地居民有影响力，而其他民间信仰已渗入到当地的风土人情中，这为当地居民（包括基督教信徒）提供一个共存的社会文化环境。从学理上看，无论传统宗教，如佛教、道教，民间信仰、还是儒学，都提出超越性的解释，带有终极关怀。其中，儒家尽管在形式上区别于传统上的宗教信仰，但具有宗教的功能（杨泽波，2009）。无论是上层社会，还是广大民间，儒学都扮演着相当重要的角色（杜维明，1992）。儒家的基本特点为"内在超越"（immanent transcende）（牟宗三，1974），在其实现的方式上主张要与日常生活密切相连，从而实现超越性，这些都符合终极信仰的本质特征（详见 Nelson, 2009: 3-4）。儒学这一基本特点把超越性精神诉求与凡世的日常生活结合起来："儒家的宗教性就是要在这个所谓凡俗的世界里体现其神圣性，把它的限制转化成个人乃至群体超升的助源，把 conditionality 变成 resource",从而实现"终极的自我转化"（杜维明，2002: 461）。这种转化，就是通过日常生活返躬求证的内在体验，以及现实社会里的修身、齐家、治国、平天下这一路径，从而达到"赞天地之化育天人合一"的境界。在一定程度上，儒学也可以说是个人终极信仰的典范。儒家思想

7　为保护受访者的隐私，本书所涉及的调查地点名称均用字母替代。

可以说是融合、贯穿了理智的观念形态的探索以及修行的体悟印证的功夫，其关于心理和精神生活的阐述，不仅是思想观念的体系，更是精神生活的实践方式（葛鲁嘉，1995）。

对于基督教来说，本书基于研究意图，着重于探究基督徒通过与神圣事物（特指圣父、圣子、圣灵）相关联的方式来追求生命的终极意义和价值，确信其可以达到终极性目标并以此指导自己的认知和行为。这一界定基于个体的内心倾向比教会组织、教义、仪式等更为根本，它类似于 James（1902/2002）提出的"个人的宗教"（individual religion）以及 Allport 和 Ross（1967）的内在的宗教倾向(intrinsic orientation)，着眼于个人是否将宗教教义内化为坚定的信仰并作为其行为的指南和生活的动机。

第三节　本书面向与全书结构

一、本书面向

为更好揭示地方文化语境下皈依后的基督信仰对农村基督徒社会生活和精神生活影响的多种面目，本书结合人类学田野调查方法和心理学的实证手段，由文化表象（宗教生活、世俗生活）过渡到内部机制（个体心理认知）（见表 1-2）。

表 1-2　本书面向框架

文　化　表　象		内　部　机　制
宗教生活（属灵生活）	世俗生活（属世生活）	心理认知
基督徒的宗教生活 当地社会文化习俗及观念的影响	宗教信仰对基督徒影响的表现在这些影响中，是否融入了当地社会文化习俗观念	基督徒认知过程中基督信仰影响的内容因素、特征及机制

根据基督徒在神圣与世俗之间的明确区分，本书将基督徒的生活分为宗教生活与世俗生活，拟研究的内容为：在宗教生活中，深描 C 镇基督教信徒的宗教生活，从中梳理和发掘基督信仰对信徒影响的深度、指导信徒进行宗教活动的心理机制，以及是否有当地文化传统与习俗的参与；在世俗生活中，考察基督信仰对信徒的影响范围及其与当地传统观念与习俗的互动，特别是对立和分歧之处。

田野调查中发现，基督信仰和当地社会文化传统与习俗，对信徒宗教和世俗生活作用的范围与程度，都取决于基督徒个人的心理认知。换言之，个体认知起到了中介的作用[8]。对于基督徒的认知，本书拟研究宗教信仰对基督徒认知是否有显著影响？基督信仰对基督徒认知影响的内容因素及作用机制，以及在认知过程中，基督徒的认知是否融入了当地社会文化观念，其机制如何？

二、全书结构

本书旨在考察基督信仰对农村基督徒社会生活和精神生活的多种影响面目。第 1 章为导论，介绍研究缘起与意图，着重探讨终极信仰的概念理解和研究的本土化路径，进而提出本研究的逻辑思路与本论文的结构。第 2 章是理论基础与研究策略方法，分别介绍了精神性、基督教、意义、文化、心理认知的研究状况，在此基础上确定了本书研究的策略与方法。

第 3 章是田野点概述。首先是田野点的确定，其次介绍了 C 镇的总体情况，然后重点论述了 C 镇传统文化的现状及其对当地居民的影响表现。第 4 章回顾了 C 镇基督教的历史与现状，将其发展分为启蒙期、滞缓期与发展期三个阶段，然后重点介绍了 C 镇两类教会的形成与分歧，最后简要介绍两类教会的组织管理情况。这两章为下面的论述提供一个的背景信息，其中，第 3 章为基督教信徒和非基督徒居民共同生活的大背景，第 4 章为基督徒宗教生活的小背景。

第 5 章是从制度宗教和个体宗教两方面展开对 C 镇基督徒宗教生活的论述。制度宗教偏重于基督徒的宗教组织生活，根据基督徒成长的历程，论述地方基督徒皈依缘由与途径、标志成为基督徒身份的圣礼、礼拜以及其他宗教活动。个人宗教偏重于基督徒的自我体验，包括对教义的理解、宗教体验，并着重分析了地方基督徒的信心情况，提出信仰功利性转化的情况与条件。有关当地社会文化渗入基督徒宗教生活的情况也包含在相关内容中。

第 6 章是从社会生活、社会关系以及个人心理三个层次论述 C 镇基督徒的世俗生活。社会生活主要涉及 C 镇基督徒的生计、人生仪式和社会活动，

8　引进中介概念，是为了更深入地解释文化社会困境中农民基督徒的生活以及探索其背后的内部作用机制。中介作用，简单来说，可以理解为 X 通过 M 对 Y 产生影响，M 就起到中介的作用。它又分为完全中介（full mediation）和部分中介（partial mediation），前者为 X 只有通过 M 才能对 Y 的影响。

反映出地方基督徒信仰的功利性以及传统习俗与观念在基督徒社会生活中的保留；社会关系主要涉及家庭成员关系、亲戚关系、邻里关系，从中反映出基督信仰对基督徒社会关系的影响，并重点探讨了不同信仰群体的关系；个体心理层面主要为基督徒的个人行为、心理健康与其认知特点，对基督徒的认知原则及其政治心理也进行分析讨论。

第 7 章和第 8 章采取田野实验的方法，分别研究 C 镇基督徒政治认知与社会认知的情况。其关注点为基督徒的社会认知和政治认知，涉及基督信仰对信徒认知结果的影响、基督徒进行认知的内容因素及作用机制，以及当地社会文化观念融入基督徒认知过程的体现和机制。

第 9 章为结语和总体讨论，探讨了基督徒身上所体现的文化传统、信仰的信心与功利、心理认知双重认知框架，此外还探讨了基督教的社会管理。

第二章 理论基础与研究策略方法

第一节 终极信仰与基督教研究状况

一、终极信仰的理论与研究

1. 终极信仰的类型、主题、功能和形成

基于支持和开放性两个维度，终极信仰可分为四种类型，分别为成长型（growth-oriented type）、落后型（underdeveloped type）、教条型（dogmatic type）和过渡型（transitional type）。其中，成长型是支持和开放都高，落后型是支持和开放都低，教条型是支持高而开放低，过渡型是支持低而开放高。具体而言，落后型的人有一定的宗教偏好，偶尔参加宗教活动，但是往往给人以精神性缺乏的印象；教条型的人执着地坚持自己的精神信条，不容许有丝毫改变；过渡型的人注重对自己信仰状态的自我审视与重新检验，试图追求更完善的人生理想；成长型的人拥有坚定的精神追求，并对其它信仰持有宽容的态度。精神性是按照"落后型—教条型—过渡型—成长型"的顺序向前发展的，虽然这一发展历程存在个体差异，但基本趋势大体如此（Genia, 1997）。

Roof（1999）认为精神性的主题有四个：（1）个人价值观、终极意义或超越自我目标的来源，包括神秘感和自我超越；（2）理解世界的一种方式；（3）对"内在自我"（inner self）的一种意识，即"内在意识"（inner awarenes）；（4）把自己不同的方面整合为整体的一种途径，即个人整合。这四个主题表明了这个时代的人所追寻的精神深度，其中又以个人整合最为重要。Roof 的

观点建立在他所推崇的"自我"（self）概念的基础上。Roof 指出，自我的确立涉及到世界的哪些方面被"主体化"的定位过程，从而使自我经由文化认同或系列认同而"客观化"为个人，这对终极信仰至关重要。同时，他认为，对"自我"的理解不应放在支离破碎的背景上或将其大众化，因为当代人的精神诉求是要向往内在生命的重构，冥想并付诸努力来塑造整合自我、超越既定限制。为与时代精神保持一致，Roof 主张应把自我视为"以努力和反身性（reflexivity）为特征的，参与或面向世界的一种不确定的能力"，可塑性与创造性是其属性特征（Roof, 1999: 35）。

终极信仰对个人的自我确定有着重要意义。Nelson（2009: 8）认为终极信仰具有综合、协调的功能，主要表现在两个方面：一是对人的内在统一性，二是对人与能推动人实现超越能力的他人或者更广大实体之间的关系和连通性。可见，终极信仰不是人具有一个分离的性质或特征，而是人存在的不可分离的一部分（Schneiders, 1998）。

终极信仰的形成是建立在个人与自我、个人与他人、个人与自然或神这三种关系的基础上。Simmel 在论及从客体的宗教外在形式（教义和机构）转向主体的宗教内在形式（宗教情绪和宗教虔诚）时，认为转型是基于生命的三种关系态度才得以发生。这三种关系是个体与外在自然、自身命运、周围人世的关系，它们分别使个体产生震惊感、获得生命意义感、构成归属感和共契感（Simmel, 2003: 87; 刘小枫, 2003）。基于基督教教义的理解，Niebuhr（1943）将"你要尽心、尽性、尽意、尽力爱主你的神。这是诫命中的第一、且是最大的，其次也相仿，就是要爱人如己"这段《圣经·马可福音》中的金句视为"爱的律法"。在他看来，必须要肯定"爱的律法"在人身上作为法则和要求的持续存在，由此派生出来的自由的特殊要求（也称为"自由的律法"）可使被罪败坏的人性重返健康之路，因为它促进了人与上帝的和谐（爱主你的上帝）、人与人的和谐（爱人如己）、人与自己的和谐（尽心，尽性，尽意）（Niebuhr, 1943/2006: 6）。由此可见，终极信仰的形成和实现必须要处理好与自己、与他人、与神的关系。Hill 等人（2003）认为，对终极信仰的追寻不是一帆风顺的，个体精神性的成长主要会遇到三类抗争：（1）个体内抗争（interpersonal struggle），这是个人体验到所信奉的美德、感情与实际行为之间的紧张关系；（2）人际抗争（intra-individual struggle），涉及个人与社会背景中的其他成员，如配偶、家庭成员、教会成员、神职人员、其他教派领袖或者其他宗教团体的成员之间的宗教冲突；（3）与神抗争（struggles with God），这是与神圣事物的抗争，质疑神的存在、仁慈、威严或者出于私欲目的。因为抗争涉及的是生活中最神圣的、终极的、永恒不变的真理，引起终极性的问题和关怀，所以这三类抗争都有着非常重要的影响：个体内抗争能引起对自我价值、自我控制、自我效能的基本质疑；人际抗争加强对他人诚信和忠诚的基本怀疑；质疑神的本质及神人关系，会引起对超越性的恐惧、失望和不信任。

2. 终极信仰的研究进展

通过在 PsycINFO 上对 spirituality 和 religion 的检索发现，现有终极信仰研究基本集中于身心健康主题上。研究发现，精神性、宗教行为能提高人们的健康行为、社会支持、心理统合感和意义感，减少生理和精神上的疾病，降低死亡率和犯罪行为，增强其对身心疾病的康复和调整（George, Larson, Koenig, & McCullough, 2000），降低寻求死亡、绝望和自杀意向（McClain, Berry, & William, 2003），提高自尊（常薇，2008），有效缓解抑郁（McClain et al., 2003; 梁恒豪，2006），促进家庭关系和睦和亲社会行为（常薇，2008）。

目前，国内关于终极信仰的研究集中于宗教性（religion），大都是从历史、哲学、文学、哲学领域进行阐述，特别是依据耶儒对话的对比视角进行诠释。这些研究尽管在数量和深度上还存在不足，但促进了国内宗教性课题的开展。宗教性一般都包括宗教态度、宗教信念、宗教卷入和宗教经验四个方面（Argyle, 2000/2005: 33-35)：（1）宗教态度（religious attitude）是指把基督教倡导的美德作为毕生追求终极目标（动机因素）；（2）宗教信念是个体对于上帝、精神性和相关问题的信念（认知因素）（Loewenthal, 2000/2002: 65)；（3）宗教行为（宗教卷入 religious involvement）是指个体参与宗教活动和宗教实践的程度，一般通过去教堂的频率、阅读《圣经》的次数、祷告等这些指标来研究（行为因素）；（4）宗教经验是指体验到上帝的力量，并获得过与此种力量交流的感受（情感因素）。

杨宝琰等人（2008）以 148 名甘肃农村基督教青少年为被试，研究了他们的宗教性中的取向、认知和行为。研究结果表明，基督教青少年的宗教信仰的坚定性在减弱，没有表现出性别差异，出生于基督教家庭的青少年的宗教坚定性高于某个时期皈依的青少年；宗教倾向包括内倾宗教、外倾个人和外倾社会等三个方面，以外在个人倾向为主，不存在性别差异，保持宗教者在内倾宗教和外在个人维度的得分显著高于脱离宗教者；高宗教卷入的基督教青少年在内倾宗教和外倾个人维度的得分显著地高于低宗教卷入的基督教青少年；宗教倾向内部各维度间表现出显著的正相关，宗教态度的各维度与宗教卷入、内倾宗教倾向和外在个人宗教倾向表现出显著的正相关。在论文中，杨宝琰等人指出，基督教青少年的宗教性是在信徒的深度宗教卷入中，实现外在宗教性向内在宗教性的转化，建立起积极的宗教态度，反过来推动着信徒更加积极地融入到宗教信仰中去，表现出高宗教卷入，因此，高度宗教卷入是宗教社会化的重要条件。

目前，国内已有精神性（spirituality）的研究方法基本都采用问卷测量法，很少使用实验的方法来做研究。这可能是因为终极信仰的实验方法取向在具体操作时存在难度，即研究者需要解决如何去评估精神性，如何控制无关变量的干扰的问题。在国外已有的相关研究中，仅有寥寥无几的实验研究。Verno、Cohen 与 Patrick（2007）调查了作为一种积极生命主题的精神性如何与人的认知加工风格相关联，他们找了 80 个被试（40 个老年人，40 个成年人），要求被试对 10 个积极的、10 个消极的、10 个中性的和 10 个宗教 4 类词汇（共 40 个）识记，随后运用回忆和识别两种方式评估其记忆效果。结果发现精神性并没有与认知偏差相关联，只存在年龄与测量方式的交互作用，成年组在回忆积极的、中性的词汇优于老年组，在消极词汇上劣于老年组，而在宗教词汇上没有发现差别。但之前 Bonner（2002）用同样的方法和对象，结果显示老年组要比成年组更加精神性。到目前为止，还没有发现有学者研究精神性对认知的影响机制研究。

二、基督教研究的状况与趋势

基督教作为一种具有多种表现形态和丰富内涵的社会性精神现象和文化现象，已经不仅是信仰者和研究者的事，它是涉及文化思想界的一个普遍性课题，而且很多时候是一种核心性或基础性的课题。

随着基督信仰的恢复和迅速发展，国内学者关于基督教的研究逐渐增多，特别是进入 90 年代以后，出现"基督教热"的现象，来自不同学科的学者越来越多地关注基督教问题，产生了大量的文献资料，研究成果接连不断地涌现出来。但大体来说是循着两条线索展开：一是关于基督教本身诸领域的研究；二是关于基督教在中国的传播（郭海良，2006）。这些已有成果大多是从哲学、宗教学、文学、历史研究的角度进行思辨性质的研究，依赖对已有资料的比较，关注理论建构以及对国外学说的引进，而很少立足于田野调查的研究方法，相关宗教民族志研究的比较匮乏（黄剑波，2003；王建新，2007；王建新，刘昭瑞，2007: I）。

理论的运用固然重要，但是提高对实证研究（empirical studies）的认识及重视也是未来进行同类型研究的必由之路（梁冠霆，2007）。近年来，对宗教的实证研究开始重视起来，如王建新与刘昭瑞（2007）主编了《地域社会与信仰风俗：立足田野的人类学研究》，随后又于 2010 年 3 月在中山大学举办的"中国宗教人类学的回顾与前瞻——首届宗教人类学学术论坛"，这些标志着国内学界对宗教实证研究的重视程度，并出现了一批关于民间信仰、伊斯兰教、天主教的人类学调查，但关于基督教的比较少见。此外，宗教社会学除了传统的量化研究之外，也开始注重实证研究和田野调查，其他一些学科如行政管理学也用田野调查的方式对中国基督教做了研究，但总的来说，他们基本上是服务于其特定的学科目标，并不能算人类学的宗教研究。

具体到基督教上，目前国内关于基督教真正意义上的人类学研究成果早些年并不多见[1]，其中包括了国内的一些博士毕业论文，如黄剑波（2003）的《"四人堂"纪事——中国乡村基督教的人类学研究》、刘志军（2003）的《乡村都市化与宗教信仰变迁——山西平陆张店镇个案研究》、刘诗伯（2006）的《在教堂内外——都市基督徒群体的人类学考察》等。最近几年有关基督教的田野调查日渐增多，虽然其中一些并不是完全意义上的人类学研究，但它们使用的方法是田野调查，"他山之石可以攻玉"，为了能更好地把握到中国基督教人类学研究的走向，下文的文献回顾也将其包括在内。

首先，一个值得注意的现象是，近来的一些经验性研究在研究取向上开始发生转变，从过去简单地借用社会科学的理论和方法进行针对基督教的研究，转为采用基督教的个案调查材料，去建构或评估某个理论，在整个学术脉络中进行反思和发展。在公开发表的研究成果中，不乏相当深入、详尽的调查报告，但是总体来说，不少调查报告或调查性论文在很大程度上都将实地调查单单作为资料收集的手段，而没有做深层的分析和探究（黄剑波，2010）。

1　本研究只涉及新教，关于其他流派的研究也有一些，如对天主教人类学研究的代表性有：吴飞(2001).麦芒上的圣言:一个乡村天主教群体的信仰和生活.香港:香港道风书社.刘昭瑞(1999)上帝的山葡萄园——一个天主教村的调查报告.载于刘小枫(主编),基督教文化评论(第 10 辑)(pp.89-111).贵阳:贵州人民出版社.

其次，研究区域和对象呈现丰富化，如开始关注西南少数民族和新疆地区的基督教；对青年及大学生基督徒的研究增多；从组织机构的角度研究教会的发展历程等。但相对来说，基于基督教主要在农村地区发展的客观事实，农村基督教研究仍属重点，目前这方面的研究成果数量不断增多，并开始侧重对乡镇一级基督教进行考察。但多数研究者对农村基督教的调查都带着比较强烈的问题意识，希望找出农民皈依基督教的社会和个体因素，从而解释基督教在农村快速发展的原因。如刘霁雯（2004）通过对湖北团林镇的实地调研，指出宽松、自由的社会生活大环境是乡村基督教组织产生和成长的前提条件。而农村基层组织作用弱化，农村社会保障能力的欠缺，不平衡的人际关系，村民对生命无常及无意义的烦恼与恐惧，信徒紧迫的使命感和有效的劝教方法，是基督教组织得以不断成长的重要原因。李红菊等（2004）通过对豫北新乡张巨乡蒋村教堂的调查，通过对当地教徒的深入访谈，认为农村居民信教主要有个人因素、社会因素、基督教自身的魅力三个方面的原因。陈占江（2007）通过皖北某村庄的田野调查，发现农村基督教之所以能迅速发展是有其自身的实践逻辑和内在机理：基督教的传播策略已深深嵌入到农民的日常生活世界中并与乡土社会的文化结构、社会结构和农民的心理结构进行着深层互动，而在社会转型加速期得到迅猛的发展。

以往的一些研究认为，在基层特别是乡村基层的基督教信徒，其信教动机和行为表现经常被视为带有较强的功利性，而城市中文化程度较高的教徒，则被认为信仰素质较高，带有较少的功利性。刘诗伯（2006）从入教动机和原因、信仰的行为方式以及文化处境等几方面入手，对城乡基层基督教信徒的"功利性"的判断作了研究分析，认为从"主位"和"自者"的角度来看的话，城市和乡村的基督教在功利性上并没有什么区别，所不同的只是具体经验的差异。这就要求研究者在进入社区调查以及后期的分析中，注意"走进他者的世界"、"理解他者的理解"。

第三，开始关注"非建制的教会"。"非建制的教会"[2]是指没有经过政

---

2 "非建制的教会"就是传统说法中的"家庭教会"，这里我们要清楚几个概念："非建制的教会"是指没有经过批准或者登记的教会。而"私设聚会点"是指有相当数量信徒，有主持人，定时在未经登记地点进行的集体宗教活动。"家庭聚会"是指基督徒按习惯在自己家里进行的，一般只有家庭成员或亲友参加的宗教活动。私设聚会点的人一般自称"家庭教会"，但其实其本质特征是未经登记。在本书中，我们沿用当地的说法，不参加三自教会而自己聚会的都称之为家庭教会。

府主管部门的备案登记，没有政府主管部门发放的宗教活动场所登记证。聚会地方很多时候也不是固定的，教会可根据信徒的需要随时的更换，可以随处设立教会，教会的工作不向政府宗教主管部门请示或备案（张化，2009；张忠成，2010）。对此，杨凤岗（2006, 2008）提出"宗教三色市场理论"，认为宗教也是一种市场，包括红色、灰色、黑色三种市场成分，红市是官方批准的宗教，黑市是官方禁止的宗教，而灰市则是在合法性上处于一种模棱两可状态的宗教。对基督教来说，体制内的三自爱国运动委员会教会是红色市场，游离于三自教会之外的大量非建制教会是灰色市场，而异端、极端、邪教则是黑色市场（严格来说，所谓基督教内的异端、邪教并不能算是基督教）。灰市这一概念突出强调的是宗教性表达的非制度化方面。杨凤岗（2006）认为，宗教管制一定要慎重，因为只要宗教组织在数量和活动上受到政府限制，黑市就必然会出现；只要红市受到限制和黑市受到镇压，灰市就必然会出现；宗教管制越严，宗教灰市越大。杨凤岗的这一观点为研究中国宗教提供一种新的理论范式。肖刚（2008）从行政管理的角度对这个方面做了研究。尽管受到一些质疑（范丽珠，2008），但后续的实证调查证明了宗教三色市场理论的适用性（李鹏，2010；谢颖，2010）。

最后，开始重视跨学科的研究的价值。由于目前的学术界更注重跨学科的研究，面对中国基督教的迅速发展，出现不同学科之间的理论与方法的"借用"，特别是与心理学的结合并始受到学者们的重视。方文（2005）《群体符号如何形成》一文，就是在对北京基督教群体的调查基础上，对基督徒身份意识和群体构建的一个深入的社会心理学研究。而且，作者试图要说明的不仅仅是基督徒的群体符号的形成问题，还希望扩展开去，对所有人类群体的分类方法和群体构建在整个学科发展的脉络提出看法。换言之，他的研究严格来说已经不再仅仅是对基督教的研究，其最终的意图是进行普遍意义上的学术反思。

本书主要研究范围涉及到上面所归纳的四种趋势，不仅是对小区域的深入研究，而且结合心理学与人类学的跨学科的研究范式，兼顾"非建制的教会"，通过对河南伊洛地区某镇的研究以考察文化社会困境中农民基督徒的现状。据2007年有关基督教研究文献的相关统计显示，当时研究河南基督教的文献只有9篇，且都没有涉及到伊洛地区的研究，且基本属于文史研究（金以枫，2007: 559）。近年来，随着越来越多的研究者开始关注河南地区的基督教发展出现井喷：李红菊等（2004）对豫北蒋村教堂为例探析乡民社会基督教信仰的原因，金妍妍（2005）对河南潢川城关教会探析基督教的"马大现象"，李创同和林连华（2007）对 X 市基督教 T 聚会点为例探讨以堂带点"的管理模式，王奇昌（2007）对镇平县北庄基督教的现状进行调查，杨卫民（2007）对驻马店上蔡县，李顺华对（2010）以河南某基督教会唱诗班为例探讨仪式的交融与亚文化团体的存续，王莹（2011）以身份建构与文化融合的视角调查了 Y 县基督教会，孟玲（2011）以河南某村庄为例研究农村社区基督徒的身份建构，王万轩（2011）对豫东 Z 市基督教发展的现状调查，王鑫宏（2011）对河南整体农村基督教现状，潘薇（2011）以河南为例探讨发挥基督教正功能以为构建和谐社会服务，杜晓田（2011）基于豫西南 H 村的调查分析农民社会保障需要，张素威（2011）对一个中原村落基督教信仰的调查，赵凤娟（2012）以河南省一个村庄为例考察基督教在中国农村的传播，李华伟（2012）对河南三地乡村民众改信基督教的社会根源进行探析，韩恒（2012）基于河南省 14 个调查点的分析探讨农村基督教群体特征的演变等，《中国宗教报告（宗教蓝皮书）》（2013）也开展了对河南宗教的专题调研报告。

但我们也应看到对河南基督教的研究还存在一些不足。首先，现有研究调查伊洛地区的文献数量极少，实地田野调查更少，亟需进一步巩固和拓展[3]。如 2013 年《中国宗教报告（宗教蓝皮书）》尽管着重调查了河南地区的基督教，但其集中于开封和南阳两地，这两地位于边缘地带或范围外，并没有处于伊洛地区的核心地带，代表性不够。其次，现有研究多着重于对基督教教会的调查，对信徒本身的研究不足。第三，现有研究基本多为对三自教会的研究，而对家庭教会及其信徒的研究相应比较缺乏。第四，现有研究各自为营，人类学界基本采用传统的田野调查方法，而心理学界多采取问卷调查的方法，较少结合两者的长处进行研究，基督徒的文化心理研究相应比较匮乏。基于此，本研究意图从本土化策略出发，通过基督教信仰来探讨中国社会文化背景下终极信仰的影响力。基于研究的意图，在研究策略上，采用"问题为中心"、"自下而上"的方式，即从所研究问题的实际出发，构建研究框架，

---

3 尽管于建嵘在《中国基督教家庭教会合法化研究》、《基督教的发展与中国社会稳定——与两位"基督教家庭教会"培训师的对话》两篇文章中，以及张耀杰在《基督教在中国的矮化变异》（2010-09-14）中提及 S 县基督教，但他们的调查仅限于对 S 县整体人口统计学上的数据呈现，没有做实地的田野工作，也没有对当地基督徒，特别是家庭聚会的信徒进行深入访谈。

选择综合的方法，进行理论分析与构建；在研究方法上，采取经验研究，兼顾定性和定量分析；在探讨层次上，偏重于内容机制，这些都是之前研究较少涉及到的。

第二节 终极信仰与文化、意义心理

一、终极信仰与文化

终极信仰的研究应该根植于文化。Boas 在为其学生 Benedict 著作《文化模式》做的序中，指出"必须把个体理解为生活于他的文化中的个体；把文化理解为由个体赋予其生命的文化"（Benedict, 1935/2009）。在 Geertz 看来，人的本性却不能脱离文化而存在。他认为，正是借助于文化，人类才使自己完备或完善，他其言，"没有文化就没有人类"（Geertz, 1973/1999: 56-57）。

每一文化的起源和发展都必定受到信仰的制约和影响。公认的信仰体系不但决定着文明体内个体认知与行为的性质与走向，而且还决定着该文明体的社会结构和形态，决定着文化的形态（景怀斌，2011: 52）。Norenzayan 等人（2007）认为，中西文化在认知方式上的不同，即不同于西方文化的分析性思维（analytic thought），中国文化倾向于整体性思维（holistic thought），在很大程度上是两种不同文化的信仰系统导致的。在中国文化的形而上的信念体系中，更为注重实用和直觉，而非形式逻辑和理性抉择。据此，他们提出文化心理研究的两种不同的解释水平：远端解释与近端解释。其中，近端解释是个人层面，它是容易辨认的，直接反映在个人认知上的差异。这说明，通过对个体认知的研究，在特定文化背景下更容易把握到终极信仰的影响。

二、文化传统与人的心理

任何社会的行为都是文化实践的一部分，所以对这些行为的了解就必须在文化的框架中进行（Price-Williams, 1980）。文化一直为人类学所关注，在心理学领域却一度被忽视，而近年来，文化作为心理学理论和研究中的主要因素再次引起重视（Kashima, 2000）。

Bruner 认为，文化传递对人的思维模式、思维特点有着重要的影响，可以通过积累的文化遗产来进行考察（张爱卿，1999: 179）。关于对文化传统何以能得到传继的阐释，Tomasello 的理论受到广泛关注。Tomasello（1999: 36）

从人类进化的历史中指出人类社会是通过"棘轮效应"（the ratchet effect）和"累积文化演变"（cumulative cultural evolution）将文化传递下去。"棘轮效应"表示累积文化演变这样一个过程不仅需要有创新，更重要的是有个像棘轮一样可靠的社会传递方式，它带着这个创新随着时间的推移进行下去，致使该创新的最新状态和改良形式得以保持，直至到下一次的改良过程。总而言之，棘轮效应就是表示一种行为不断被改进，不断地具有适应性，并代代相传下去。"累积文化演变"是一种社会的学习，它能够不断地改进文化并一代代地积累下去，最终能提高群体的适宜度（fitness）。这样的累积文化演变被认为只存在于人类群体之中。这也就是说，每一代的文化都建立在先前的基础之上，并且为后代不断的积累。为什么会出现这种文化的现象，Tomasello 解释道，这是因为演变所需要的机制（文化认知）是人类所独有。文化认知是社会认知随着经验的累积而逐渐形成一种认知模式，它是人类所独有的高级认知能力，包括对他人心理状态进行归因和推理，以及对他人意图的理解能力（Tomasello, 1999: 210-218）。人类正是由于具有了这种高级认知加工能力，才能产生如此独特的文化内容。

一个民族的历史传统和文化模式通过社会化的过程决定着该民族的国民特性。人类学家 Boas 在《原始人的心智》中，强调文化对人格的决定作用，"决定人类行为习惯的不是遗传因素，而是文化因素。人类行为和信仰所反映的不是他与生俱来的智慧，而是他所生活的文化系统"（Boas, 1919/1989），从而奠定了文化人格学派的基调。Kandiner 的基本人格结构、Benedict 的文化模式、Mead 的青春期研究、以及后来的许琅光对中美生活方式的比较等，都着重于文化的传承。此学派主张人通过"濡化"（enculturation）而接受文化传统，从而应对环境，故文化对个人的个性、认识和行为有着决定性的影响（庄孔韶, 2006: 50）。而心理学的一些研究也证明了文化传统是稳定、内隐的，潜移默化地影响人们的想法和行为（周丽清，孙山，2009）。

Freud 经典精神分析的两大支柱为性驱力（libido）和幼年经验决定论。自弗洛伊德超越临床情境，发表《图腾与禁忌》(1913)、《文明及其不满》(1930)，使得精神分析成为一种理解人类经验的方式（Mitchell & Black, 1995/2007: 9）。文化与人格学派以精神分析理论为指导，强调幼时社会化的重要性。但个性的发展不仅是早年经历的结果，更是在社会文化及其习俗中不断发展和融合的产物（许琅光, 1967/2001: 13）。这也就是说，文化研究的重心并不在于处于文化中人的早年社会化，而是在文化变迁过程中人的心理变化。对本研究而言，即是在基督信仰与地方文化传统的互动下，地方基督徒的行为表现与心理认知变化。

三、终极信仰与文化、意义心理

就文化－文明层面看，意义是以文化体的终极观念（spirituality or religion）为核心而形成的价值观念系统。文化沟通或互动，在一定程度上是文明体的"意义"系统互动（景怀斌，2012）。因此，对终极信仰的研究不仅要放入文化背景中进行，还需结合"意义"进行。这是因为，文化和在文化范畴内寻求意义才是人行为的真正起因（Bruner, 1990: 20），而终极信仰恰是以超越方式实现意义追求的一种方式（Pargament, 1997: 32）。

意义是人的心理活动的本质和核心（O'Connor & Chamberlain, 1996），对意义的寻求不仅是人的基本需求，也是人在日常生活中的普遍动机（Geertz, 1973/1999[4]; King, 2004; Krause, 2007）。将意义作为其学科建构核心概念的标志性学者，在心理学领域为 Bruner，在人类学领域为 Geertz（Bruner, 1990: 3）。Geertz 在《文化的解释》序言中指出，"人是悬挂在由他们自己编织的意义之网上的动物"，意义之网即为文化，因此，对文化的分析便是探究意义（Geertz, 1973/1999: 5）。出于对现有研究的不满，Bruner 认为个人和文化都被共享的意义和价值观主宰，所以心理学的阐述体系一定要重拾意义化才有出路。他进而主张将意义确定为心理学的核心概念，其目的为发现和描述人与周围世界交互而产生的意义，进而提出有关意义生成过程的假设（Bruner, 1990: 20, 2）。

鉴于学者在各自领域对意义提出不同理解，基于意义是人的心理活动的本质或核心，景怀斌（2011: 49）将意义定义为，"个体具有我向性的意向事物的符号含义及体验状态，为个体的理性工具和价值情感心理系统所决定"。由此提示，意义具有以下特征：意义是个体的而不是普遍的，即意义是个体情景性的，是个体已有的心理内容和环境信息互动的结果；意义是意向的或心理选择的；意义可以是有意识或无意识的；意义为事物的符号所表征；意义具有情感（情绪）体验；意义具有我向性。

个体的意义系统具有本质抽象和具体表现两种水平：作为抽象水平的整

4　绫部恒雄（1984/1988: 161）明确指出，Geertz 把"追求意义"视为人类的根本需要，并将其结果作为分析对象。

体意义（global meaning）指向终极价值，用以解释自己存在的价值和生命的意义；作为具体水平的情景意义（situational meaning）指在日常生活中，个体根据整体意义对具体事物进行的意义评估（Park & Folkman, 1997; Skaggs & Barron, 2006）。在整体意义的来源中，信仰的地位最为重要，其他来源都根植于信仰之上。信仰是个体用以建构世界本质的基本内部认知结构（internal cognitive structures），影响个体诠释现实的方式和个体总体目标的构建，从而引导人的一生（Cacioppo, Hawkley, Rickett, & Masi, 2005; Park & Folkman, 1997; Park, 2005; Skaggs & Barron, 2006）。简言之，信仰通过整体意义左右着个体在具体情景中赋予事物的意义，进而影响个体的心理和行为。

第三节　终极信仰与认知

一、认知：社会与政治

就学理上的分析，认知是人的心理活动的中心环节。心理学惯常将人的心理划分为认知、情绪和意志三个基本成分，而认知能根本地影响着其他两个成分的性质和走向——在情绪上，认知交互理论提出个体的认知评价往往影响个体对外在环境的主观感受和反应方式（Lazarus, 1984）；在意志上，认知心理学家认为人的认知系统通过调节与控制心理活动和行为反应来实现目标（梁宁建，2003: 7）。六十多年前，心理学发生了一场认知革命，开始关注人们在推理和决策过程中如何整合信息、形成观点和做出决定。随着认知革命的深入开展，特别是社会认知相关研究不断取得进展，心理学日益变成"认知性"的，认知已成为心理学家关注的热点领域。

在心理学视野中，对社会认知和政治认知概念的准备把握需要立足于对"认知"概念的准确理解上。这是因为，社会认知和政治认知都是认知在政治领域中的具体呈现，它们之间为普遍与特异（universalism vs. particcularism）的关系。在心理学中，认知既可以指心理过程的所有形式（包括感知、思维、记忆等有意识过程以及语法结构等无意识过程），还可以指特定的思维（Matsumoto, 2009: 114）。前者为过程范畴，后者为内容范畴，我们对社会认知、政治认知概念的把握正是需要基于过程和内容两个范畴。

社会认知（social cognition）是人关于自身以及社会关系的认知，包括自己、他人以及群体三个相互联系的层次（Moskowitz, 2005: 2; Pennington, 2000:

2；薛灿灿，叶浩生，2011；俞国良，2008: 200）；同时，社会认知也是人们解释、分析和记忆社会世界信息的方式（Pennington, 2000: 1），关注于信息如何被加工、储存、记忆表征以及与社会世界感知和交互的分析研究（Hamilton, 2005: 2）。总之，社会认知是人对自己、他人、群体社会行为信息的理解和推断。

相对于社会认知，政治认知的概念是一个有争议的问题，学者们从各自关注的不同角度对政治认知进行论述。依于内容与过程的范畴，政治认知不仅是人们对政治现象的认识和理解，更是人们政治思考和推理的方式。总之，政治认知（political cognition）是指人对政治现象（political phenomena）进行的心理加工过程，集中体现于人对政治现象的推理（political reasoning）和决策（political decision-making）活动中（Rosenberg & Wrigley, 2006; Shawn, Dana, & Stephen, 1988）。

政治认知的研究应该依从社会认知的理论和方法，这是基于两方面的考量。首先，从定义来看它们之间存在隶属的关系。在过程层面上，社会认知与政治认知都遵循信息加工的范式；而在内容层面上，鉴于政治事件属于社会性事件的隶属关系，社会认知相应地包括对政治事件的认知，因此它们应该是包含了被包含的关系，而并非两个独立有交集的集合。其次，从起源来看，政治认知的兴起是受到心理学认知革命的影响，政治学科的研究者将认知引入到政治领域的研究中，基于社会认知的理论和方法，聚焦于人的情绪、记忆、思维、推理以及这些因素对认知交互影响，从而揭示人们在评估政治候选人、政治组织以及政治事件中的信息加工机制。可见，本质上政治认知是社会认知与政治学一种富有成果的对话与联姻，它是将那些于政治有用或相关的社会认知理念用于对政治现象的分析中。因此，政治认知在研究路径上应该依从社会认知，这也是为何过去几十年有关政治认知的研究都是在社会认知的框架下完成的（Rosenberg & Wrigley, 2006）。目前，政治认知（political cognition）已成为政治心理研究的核心（乔红霞，2010: 47），它被认为能直接影响着人们政治参与的主动性及取向，左右着人们的政治情感和政治意向，对人们政治心理过程的发展和政治态度的形成具有重要的意义（王玄武，1999），可以说政治认知是整个政治心理体系的基础（王浦劬，1995: 322）。

依据人观隐喻的不同，社会认知和政治路径先后经历"一致寻求者"、"朴素科学家"、"认知吝啬鬼"、"被驱动的策略家"、"积极的行动者"五个阶段（Fiske & Taylor, 2008）。在不同的阶段，它们先后受到认知相符、归因、图式、热认知（重视动机和情感的影响）、内隐认知等理论的深远影响。可以说，每次社会认知理论的变革都带来社会和政治认知研究的相应变迁，不断打开了新的思路，从而推动了其研究的蓬勃发展。"积极的行动者"是近十几年来才发展起来的研究路径。研究者们在过去理论的基础上采用生态整合的视角，主张社会情境可以迅速激活人们的无意识概念，同时与之相关的认知、评价、情感、动机和行为等也必然被激活。由此他们关注于情境、动机、情绪情感和认知间的交互（Way & Masters, 1996），并以此来理解极短时间内寻找线索的无意识联结（张宝山, 2010: 202-203）。至此，社会行动者不再是被剥离了社会语境特征的抽象主体或去语境化的主体，也不再是追求预期效用最大化的理性行动者，而是有着合适人观的积极行动者（方文, 2005）。这种路径为当前政治认知的下一步研究创造了前提条件，不仅兴起内隐政治认知等新的研究领域，还促进了对传统领域问题的反思和重新检验。所以，就发展趋向而言，"积极的行动者"是当前和未来一段时间内政治认知研究应该依从的路径取向。

由于受到经典信息加工论的影响，社会认知和政治认知研究强调个体内在特质解释。随着研究的深化开展，学者们也开始意识到仅研究个体的思维、大脑的记忆和信息加工的解释力不足，他们开始转向文化层面，认为文化在人信息加工的机制及处理上起着重要的作用。出于心理行为"文化嵌入"（cultural embeddedness）的特性以及"文化自觉"的要求，中国社会和政治认知的研究就不能忽视中国文化的独特性。此外，社会和政治认知的研究要面向现实问题。学科研究最终是要为现实服务的，因此在选题时要始终保持对当前社会热点和争议问题的敏感性，基于科学严谨的研究最终为问题的解决提供学理依据。本书选择农村基督教信徒作为调查对象，正是基于对终极信仰本土化以及现实面向的反映。

二、终极信仰与认知

在 Tyler（1969）看来，文化不能还原为房屋类型、家庭类型、亲属类型、经济类型和人格类型这些特征和制度，也不等同于关于这些现象的整合模式（integrative pattern），因为这些描述仅涉及学者自己思考文化的方式，而不是当地人们如何组织和使用他们的文化。因此，他主张人类学应该研究行为背后的认知。王建新（2007）在已有理论和人类学田野实践的基础上，从"整体－个人"和"行为－观念"两个维度出发，形成一个宗教民族志研究的理论范式。这个理论范式包括 4 个不同取向的研究领域：（1）宗教与社会控制、社会组织；（2）宗教与象征体系、群体认同；（3）宗教与人际互动、社会网络；（4）宗教与心理、认知模式。其中，尽管目前第四个取向的研究还处于初步阶段，但对人类学宗教研究的扩展影响深远。对宗教心理认知的研究，正是本书的研究取向。

目前，越来越多的研究发现，就认知过程看，终极信仰根本性地影响着人的认知。终极信仰使人认为世界发生的一切都是有意义的，从而平和地接受一切的错误和不确定性（McCullough & Carter, 2011）；它是构成人的经验、信念、价值观和行为最重要的因素（Rose, Westefeld, & Ansley, 2008）；甚至对封闭的演绎逻辑也能产生作用，影响着人们判断的有效性（Goel & Dolan, 2003）。终极信仰可以被视为一种认知图式（schema），它类似于其他图式但仅被信仰者所激活，并对其认知过程产生重要影响（Koenig, 1995; Lau, 1989; McIntosh, 1995; Paloutzian & Smith, 1995）。Verno、Cohen 和 Patrick（2007）认为，终极信仰影响人注意、加工和解释他们周围的世界的方式，使他们产生优势图式（dominant schema），通过对刺激编码的过滤进而引导人的认知过程。总之，终极信仰决定着人的行为的性质和走向（景怀斌, 2005）。

终极问题体现在与自己、与他人、与社会三方面的理解上（景怀斌, 2011: 51），这在认知上就反映为社会认知和政治认知。从定义上看，社会认知亦包括自己、他人以及群体三个相互联系的层次：对个人的认知、人与人之间相互关系的认知，以及群体内或群体间各种关系的认知。基于上述分析和 Simmel、Niebuhr 和 Hill 等人的论述（见上文），结合基督教相关文献及前期调查，基督徒的社会认知三层次内容具体为：个体内认知，它是基督徒的个人宗教体验，兼顾自我认识和与神关系，因为基督徒通过与神相关联的方式追求生命的终极意义和价值，实现个人的整合，突出表现在基督信仰与信徒实际行为间的关系上，以获得震惊感和生命意义感；人际认知，它是基督徒与信教及不信教他人间关系的认知，以获得归属感和共契感；群体认知，包括群体内认知和群体间认知，后者为基督徒群体认知的主要成分，以获得信徒身份的认同。

政治认知的传统议题有对候选人的知觉、政治信念体系、政治判断和决策、刻板印象、偏见及其他政治态度、政治群体认同、公众舆论、印象形成以及其他涉及到在政治理解和交互中与记忆表征和心理过程相关的议题（Lodge & McGraw, 1995; Iyengar, McGuire, & William, 1993; van Dijk, 2002）。

随着研究的深入，政治认知出现了新的特点，终极信仰的作用日益受到重视，对研究者而言需要关注这一有发展前景的新议题。鉴于政治心理研究中信仰（spirituality, religion）与信念（belief）的混淆使用，我们首先要对信念和信仰做一个区分。中文文献一般多将 political belief system 翻译为政治信仰体系，这种翻译是不准确的。Belief 的准确翻译应为"信念"而非信仰（参见第一章第一节），故而 political belief system 应翻译为政治信念体系。在政治心理学中，信念可以看做是某类心理的"捷径"，能够快速对各种信息进行归类，从而帮助个体认知世界（Houghton, 2009/2013: 130）。终极信仰是指具有终极性质的个人心理建构，它的作用正如前文所提到过的，对信仰者的信息加工过程和内容都有至关重要的影响。政治信念体系属于政治认知的传统议题，故而有大量的相关研究，它们多数运用认知相符理论考察政治信念对政治行为的影响。对比而言，有关信仰与政治认知关联的研究较少。目前有关信仰的政治心理研究集中在作为一种信仰系统的"意识形态"（political ideology）上，它被认为能影响到个体的意见、价值观、信念和推理前提（Jost, Federico, & Napier, 2009; Jost, Glaser, Kruglanski, & Sulloway, 2003; Jost, 2006），而有关信仰对政治认知的影响还缺乏直接相关的研究。针对目前研究薄弱的现状，有研究者提出以宗教信仰来考察信仰在政治生活中的作用，如 Unger（2007）就批评了当前研究只关注于意识形态在政治中的作用，指出需要重视宗教信仰对政治态度和投票行为的影响。尽管如此，有关宗教信仰对政治影响的研究仍然缺乏，目前有关宗教与政治生活的文献仅局限于教会出席（church attendance）和教派对政治的影响，缺乏关于宗教信仰对政治影响的研究（Driskell, Embry, & Lyon, 2008）。为能更好地揭示出宗教信仰对社会政治认知的影响，本书的研究工作包括两个层次，一是检验影响的显著性，二是关注信仰作用的过程与机制。

第四节　研究的策略与方法

一、跨学科的研究视角

　　人类社会和人的心理行为是一个非常复杂的问题，仅用一个学科的理论和方法并不能很好地得到解决。不同学科提供不同的视角和方法。对于宗教信仰这一人类社会复杂的现象来说，更要避免学科自我中心主义，因为不同学科（人类学、心理学、社会学等）可以提供不同的视角和方法，能有效提高研究的解释力和在现实中的适用性。

跨学科的研究取向的出现是近十几年来知识社会学所取得的最新发展。科学的诞生，是建立在对来自于实用知识不同方面的科学知识进行严格分离的基础之上。尽管科学的观念以及科学与现实生活的关系发生了重大变化，但这些形成于早期的科学知识理念仍旧起着作用（Hirsch Hadorn et al., 2008: 19）。学者们开始认识到，目前的学科代表着实用主义的社会构建，它实际上并不能对社会中离散的和独立的层面进行研究，这是人用并不存在的界线把自己隔离起来（Baker et al., 2003）。对于这一问题的解决，跨学科研究（Transdisciplinary research, TR）具有得天独厚的优势：它可以处理生活世界（life-world）中的问题，把握问题的复杂性；考虑到科学和生活世界知觉问题的多样性；联结抽象和具体个案的知识；发展出能促进理解共同福祉的知识和实践（Pohl & Hirsch Hadorn, 2008）。对人类学而言，它与其他学科的结合非常普遍，不同学科间的研究视角与研究工具得以相互学习和使用，由此诞生了一些交叉学科。在人类学交叉结合的学科中，最值得关注的学科是心理学。祖父江孝男（1987: 42-53）就，企望毗邻诸学科间合作的倾向，特别是人类学与心理学的结合会变得越来越多。

目前，尽管宗教信仰的心理、认知研究取向还处于初步阶段，但对人类学宗教研究的扩展有着深远影响（王建新，2007）。Bender 等人（2010）提出，在研究文化对人的影响时需要关注两个方面：一是人想什么（what people think），二是人为何这么想（how people think），前者为人类学研究的侧重点，后者为心理学研究的侧重点，从而呈现出内容和过程之分（the content-process distinction）。若要抓住文化影响的本质，需要心理学与人类学的结合才能得以实现。基于此，本书从人类学的定位出发，结合人类——心理两种学科的研究视角与方法，构建地方基督徒宗教信仰现状以及由此带来的影响。回答这个问题，必须要多个学科共同努力才可能将研究向深度和广度拓进，除了传统意义上的田野调查之外，运用心理学的实证研究方法能更好地解答这一问题。

二、问题中心的策略

为能准确把握农村基督徒的文化心理，需要"以问题为中心"指导整个研究。"以问题为中心"并不是仅仅关注问题即可，而是在研究策略上采取"自下而上"的方式（景怀斌, 2006, 2008），即从所研究问题的实际出发，构建研究框架，选择综合的方法，进行理论分析与构建。在研究过程中，防止先入为主的倾向或抱着既定目的，而是持开放的态度进行调查。此外，研究方法各有优势，所以在选择时尽量避免方法论正统主义，而是通过研究方法的综合应用，相互补充和验证，从而为本研究提供最为准确的方法路径，让研究更精细和更深入。

以问题为中心，需要重视多重资料来源。好的研究应该采用多种渠道收集资料，每种收集资料的方法应该在运用中灵活地调整组合，加以综合运用。这种多重证据来源的使用有利于研究者全方位地考察问题、相互印证，使研究的证据来源和研究的结果及结论更准确，更有说服力和解释力（Yin，2003/2004: 106-109）。在调查分析中，本研究常对同一问题进行反复印证，以访谈材料印证书面材料，以多名对象访谈印证之前的调查材料。

三、综合的研究方法

本书尝试采取综合的研究方法，在人类学田野调查的基础上，结合质的研究与定量分析，兼顾因果关系与意义建构，结合宏观与微观，力图将微观的基督徒个人认知、中观的教会发展状况和宏观的自然社会文化环境综合起来，以揭示中国文化传统下基督信仰对农民基督教信徒的影响及其作用机制与特征。具体为：

1. 人类学的田野调查

在研究中采取人类学的田野调查，主要的研究方法有：（1）参与观察。深入调查地区，参与基督徒的日常生活，细致观察基督徒在当地文化传统与习俗的约束下，他们的宗教社会与世俗生活的现状，以及他们所做出的适应性行为。（2）深入访谈。采用半结构或开放式的访谈方法，对当地三自教会、家庭教会的信徒进行访谈，了解他们的皈依动机、信仰历程、社会背景、宗教生活、日常生活等。

笔者的田野工作主要是在伊洛地区 C 镇进行的，相关调查分为三个阶段进行：

（1）前期调查。在确定研究主题和区域后，于 2010 年的 9-11 月，笔者进入 C 镇开始进行正式的田野调查。通过材料收集以及与当地居民与基督徒的接触，对当地社会文化状况、基督教有一定程度的了解，从而确定 C 镇为本研究田野调查点。内容主要涉及田野点的基本情况、基督教的传播和发展的过程、家庭教会与三自教会之间的冲突和调节、皈依基督教的原因及动机和心理调适过程、基督教的宗教信仰对教徒的影响、基督信仰与中国文化的冲突及交融和互动。同时笔者参加了三自教会和家庭教会的礼拜活动以及唱诗会活动，并对关键报道人进行了深入访谈。在对 C 镇进行完前期的调查后，又到 XZ 县进行为期一周的短期调查。此后，返回学校并在前期调查的基础上，结合当地基督徒的真实情况编制了两难故事，作为在田野中进行认知研究的实验材料。

（2）正式调查。2011 年春节前，在 J 镇进行短期调查后，返回 C 镇。2011 年 1 月初－4 月底，笔者在 C 镇主要进行认知方面的调查，即在两难故事的基础上进行开放式访谈。此外，还考察信徒在人生仪式、祭祖等传统习俗上的表现，随同三自或家庭教会成员做同工、交通等。

2011 年 7 月初－11 月中旬，进行调查。这一时期除了补充调查上一阶段的薄弱环节外，重点放在当地基督教的组织管理、信徒间的互动、传教行为、信仰信心程度的变化、精神世界等。期间，到一程故里、S 县城区教会、HC 乡、TH 镇进行实地调查，9 月份分别在 XZ 县、临市 J 镇进行一周多的短期调查。

（3）返回调查。2013 年和 2014 年暑期。笔者于 2013 年获得国家社科青年基金的资助，开展对农村基督教信徒政治认知的研究。该研究亦是以 C 镇为重点调查地点，获得了新的调查材料，并在项目研究的基础上对不足之处做了有益的补充，对理论部分做了进一步的探讨。除此之外，在当地市区大学对农村大学生信徒进行访谈，以印证皈依机制理论假设给他们带来的冲击。

2. 基于田野调查的现场实验

心理学与人类学的结合不仅表现在研究的视角与领域上，还表现在研究方法上。许琅光（1972: 435）很早就明确提出心理学与人类学的方法论上的相互关联，认为这不仅对两个学科自己内部的纯粹问题，而且对它们之间跨学科的合作有极高的价值。研究方法上的跨学科结合，在本书中体现在对基督徒政治、社会认知的研究中。对认知的研究不应仅局限在基于实验室实验的一系列命题上，而是应该去理解人类生活的真实世界（D'Andrade, 1995），故本研究在对基督文化表象与地方文化传统进行详细描述后，构建两种文化与基督徒心理认知之间的路径。

　　研究的意图决定了研究的方式。为深入理解基督信仰对信徒的影响程度及其作用机制，本书依据社会情境所提供的独特的实验处理，进行无处理对照组后测设计的准实验研究[5]，以考察基督信仰对信徒认知的影响。准实验由Campbell和Stanley（1963: 34）提出，认为准实验是在自然社会情景中，研究者在数据收集程序上引入实验设计，但由于不能对实验刺激做到完全控制，使之缺失成为一个真正实验的必要条件。后继的研究者进而在准实验与实验法的异同上，提出准实验的判断标准：（1）研究的目的是因果描述，即研究干预对一个或多个反应的影响（2）通过对照组考察干预的影响，但没有随即安排被试到处理条件（Aussems, Boomsma & Snijders, 2011; Shadish, Cook & Campbell, 2001: 13-14）。可见，采取准实验设计，是因为无法随机分配实验组和控制组，基督徒和非基督徒都是先前存在的。准实验设计的优势在于：一，它是在现实生活和文化背景中研究人的心理过程，因而具有"生态效度"（王重鸣，2001: 106）；二，根据研究问题，准实验设计可以使研究者能够灵活地协调控制实验对象和利用自然场景之间的组合，找到最具说明性的答案（林诚光，2008: 154）。具体研究步骤如下：

　　1）编制实验材料

　　在研究材料上，选用两难故事以引发深层认知信息，此类方法的有效性在道德发展研究中得到证明（Kohlberg, & Kramer, 1969; Kurtines & Greif, 1974）；在问题构建上，采用问题空间策略（Simon, 1969），构建研究材料的具体情境。

　　具体情况为：在前期调查和相关文献分析的基础上，基于真实发生且与当地基督徒相关的社会文化事件和政治事件，编制6个两难故事（详见6、7章）。依据社会认知的内容层次，社会认知的实验材料依次为爱心捐助、信心治病、游行传教，分别涉及对他人、对自我、群体间的认知。依据与其关系的密切程度，政治认知的实验材料依次为中日冲突、集资修路、聚会方式，分别涉及国际政治事务、国内地方政治事务和宗教政治事务管理。

　　2）取样

　　按照扎根理论的理论饱和原则确定样本。所谓理论饱和（theoretical

---

[5]　关于无处理对照组后测设计是否属于准实验设计还存在一定的争议，本书持肯定的态度，认为这一界定符合当前学术界的主流观点，如林诚光的《准实验研究》以及金志成、何艳茹的（《心理实验设计及其数据处理》。

saturation）是指新抽取的样本不再提供新的信息（Glaser & Strauss, 1967）。根据扎根理论研究经验，样本量在 20-30 人之间为宜（Fassinger, 2005）。据此，本研究先从基督徒和非基督徒中各选取 21 人，为验证是否达到理论饱和，又选取 2 人，结果未发现新的信息，故最终确定的样本量为 42 人。其中，男性 28 人，女性 14 人；最小年龄为 31 岁，最大年龄为 69 岁，平均年龄为 54.60±1.65 岁；受教育程度，小学 14 人，初中 15 人，高中 13 人，平均受教育年限为 7.83±0.47 年。样本的人口统计学分布如表 2-1：

表 2-1　样本人口学分布(人)

年　　龄	30-45		9
	45-60		17
	60 以上		16
性　　别	男		28
	女		14
文化程度	小学及以下		14
	初中		15
	高中		13
信　　仰	基督徒	三自教会	8
		家庭教会	13
	非基督徒		21

就研究经验看，应兼顾到样本的组成层次（Topp, Barker, & Degenhardt, 2004）。本研究选取样本的职业包括务农、教师、村干部、职工、个体户。非基督教中含无神论者、民间信仰者以及其他宗教信徒。在田野点，基督徒由三自教会信徒和家庭教会信徒组成。故按组成比例选取基督徒样本，其中三自教会信徒 8 人，家庭教会信徒 13 人。

3）实验程序

依次给被试陈述两难故事内容，结束一个两难故事访谈后再陈述下一个故事。在故事呈现给被试后，围绕故事情节进行开放式访谈，即请被试根据自己的经验和理解给出自己的看法。呈现时，由于考虑到访谈的时间限制和精炼原则，材料二和材料四一样，都是在集资修路这一事实的基础上进行问题设置。因此在具体呈现时，材料二与材料四是结合在一起的。之后，将访谈录音整理成文字，反复研读、思考，对访谈结果进行概念界定、类属归类和关系分析。

4）结果分析

一为定量分析，即根据样本在相关材料中所持态度进行赋值，以考察基督信仰对信徒认知影响的结果。为控制性别、年龄、受教育程度这些混杂因素的影响，本书采取 Logistic 回归模型分析考察基督信仰对农民认知影响的显著性。

二为质性分析，即汲取扎根理论（grounded theory）方法，从访谈材料中发现意义关系（Glaser, 2001）。为能更好地构建地方基督徒意义化生存形态，采取自下而上的研究策略，决定了本研究要以扎根理论为指导进行理论建构。扎根理论是一种研究策略，其宗旨为从资料的归纳分析中"生成"理论，而非从已有理论演绎出可验证的假设。扎根理论的优势在于它能超越描述性的研究，通过对研究对象进行抽象的、概念性的理解而进入解释性的理论框架领域（Charmaz, 2007/2009: 5-7; Lyons & Coyle, 2007/2010: 51）。扎根理论的基本程序为：以开放方式深度收集研究材料，通过概念持续比较（constant comparisons）的方式进行资料的意义分析，逐步把纷繁的原始资料缩减、转化、抽象为更高层次的概念、范畴，进而通过深度分析范畴的性质、特征、关系，形成理论。在研究过程中，要循环性地对资料比较、归纳、演绎，从而形成符合其材料的理论（景怀斌，2008）。

在质性分析过程中，相关因素、类属和关系的确定是与相关参与者反复商讨形成的。完成后，另请博士研究生和硕士研究生对访谈材料再单独编码，所得一致性系数皆大于 0.9。

经验驱动型的实验设计探索或发现现象与规律，但其内外部效度却不能统一起来（Willer & Walker, 2007/2010: 58）。因此，本研究着重于认知内容机制的探讨，以发现研究对象的意义结构及其关系规律，形成结论，并不追求结论的推论，即研究的外部效度。所以，本研究的意旨在于以深描（thick description）为研究法则，注重从当地区域的历史、文化、社会变迁等各个方面背景入手，梳理为一幅当地信徒生活的素描画，寻找一个可以相互呼应（coherence）最佳诠释，以期求把握当地农民基督徒宗教信仰的状况及其认知机制。本书结论是否具有普遍适用性（universal），还需要对其他地区进行调查分析。即便如此，本书结论的适用性还是得到一定的保障：调查地区在社会结构和文化方式上与许多中国农村所处条件基本相同，是能够代表中国农村共同的类型或模式（费孝通，1996）；而且，当地基督徒与其他农村地区基督徒的情况一致，如文化程度普遍不高，多为小学和初中文化，老人和女性占绝大部分比例，信教原因多为自己或家人生病，多通过亲朋好友开始接触基督教等（中国社会科学院世界宗教研究所课题组，2010）。可见，对当地基督徒的调查分析，是可以反映出在基督信仰的影响下，中国农村地区基督徒的生活写照和内部的心理认知机制。

第三章 田野调查点概述

第一节 确定田野点

基督教在不同区域的特色比整体情况更具价值,从区域入手是认识和研究中国基督教的重要途径(邢福增,2007)。选取 C 镇作为田野点,正是基于当地文化传统厚重,适合本文的研究意图。在选取时,依据由大及小的原则进行。

一、河南境内

自基督教恢复公开聚会以来,基督教发展迅速,形成"基督教热"现象,但其在中国不同区域的发展并不均衡:1918 年,信徒最多的五个省分别为广东(18%)、山东(12%)、福建(11%)、江苏(9%)和浙江(8%),信徒占全省总人口的比例最高的前几个省分别是福建(0.28%)、广东(0.14%)、浙江(0.13%)与奉天[1](0.13%),说明当时基督教在东南沿海地区发展较好;到 1949 年,超过一半的信徒集中在浙江(19%)、云南(11%)、福建(10%)、广东(8%)、江苏(8%)五省,沿海地区仍是基督教发展的主要地区;但到 1997 年,超过一半的信徒集中于河南、浙江、安徽和江苏四省。其中,河南省信徒超过全国总信徒的 1/4(26%),占该省的总人口比例高达 3.79%。(后面这句在这不需要,可融入到下一段中)其增长速度极为迅速,居全国之首(邢福增,2007)。从河南省基督教自身发展情况看,其信徒数量迅速增多的

---

1 奉天省,即辽宁省,为清末和中华民国时的另称,简称"奉",省会奉天(即沈阳)。

趋势非常值得关注。解放前夕，河南省基督教会共有信徒 7 万人；至 1987 年，为 80 余万人；到 2009 年，已增至 240 万人（王保全，2008）。

基督教在河南的传播比较凸显基督教文化与中国传统文化的矛盾和融合。河南人口众多，历史文化积淀深厚，且处于中国的中心地带，受外界的影响相对较少，因此基督教在河南的发展遇到相当大的阻力。解放前，河南省更是被某些资深传教士称为中国的心脏，是中国诸多省份中关键的一个，但由于传统文化根深蒂固而很长时间无人问津。因此，从时间上看，基督教进入河南比较晚，河南是基督教进入最晚的省份之一（董延寿，2014: 214）。所以，河南必将成为研究我国基督教不可忽视的区域。时至今日，作为与中国传统文化存在诸多差异的基督教，如何能在这片有着中华民族最悠久历史的土地上扎根并得到如此迅猛发展，是值得深入探讨及研究的。

二、伊洛地区

选择伊洛地区作为调查点，与本文的研究意图有关。如何研究文化传统的影响，可能有不同的研究策略和方法，其中历史资料的研究方法是主要的手段，但这种方法主要以对历史文献的分析为依据，并不能很好地掌握当下民间社会中的实际情况与变化的趋势。所以，本书采用的是由 Medin、Unsworth 和 Hirschfeld（2007: 620-621）提出的"三角研究策略"（Triangulation as a Research Strategy），其主要思想就是找出一个群体，它不仅具有所研究文化的一些特质，而且同时还具有异文化的一些特质，把它作为研究的对象，观测这个群体文化特质的情况，并把它与所研究的文化做对比。通过这种策略，不仅能获得当下第一手的资料，还能把历史资料与现实情况结合起来，从而了解文化影响的变化情况。在"三角研究策略"中，寻找符合要求的群体非常关键。伊洛地区文化传统深厚，自恢复宗教信仰自由以来基督徒在当地发展迅速，当地基督徒身上兼具文化传统典代的伊洛文化以及西方文化基石的基督文化，研究该地区的基督教可能更容易发现文化上的冲突、适应与融合，这正是本研究把伊洛地区的基督徒作为调查对象的缘由。

伊洛地区，也称河洛地区。其范围以洛阳为中心，东至郑州、中牟一线，西抵潼关、华阴，南以汝河、颍河上游的伏牛山脉为界，北跨黄河，以汾水以南的济源、焦作、沁阳一线为界（薛瑞泽，2005）。对于河洛的来历有两种说法：其一，"河"指黄河，"洛"指洛河，因此"河洛"就是黄河与洛河交汇的流域；其二，"河洛"指"河图"和"洛书"的合称，这是根据历史传说，即龙马负图出于河，神龟背书出于洛而来。河图洛书被誉为中华文明之始。易经系辞上说："河出图，洛出书，圣人则之。"《论语》上讲："凤鸟不至，河不出图。"《竹书纪年》里讲：黄帝在河洛修坛沉璧，受龙图龟书。此外，还有传说认为，太极图是河洛交会的自然现象，这是因为太极图很像是黄河洛河交汇形成的旋涡，通过这个自然现象触发灵感，人族伏羲才创造出太极和八卦。

伊洛地区地处中原腹地，历史上曾是我国经济、政治、文化的中心，所以古有"居天下之中"的说法。产生、发展于伊洛地区的区域性文化即为河洛文化，是中原、荆楚、闽粤和东北四大板块文化中开发最早的，是中国文化的重要源泉之一。也有学者认为，河洛文化就是中原文化，没有河洛文化，中原文化就没有了内容（周文顺，徐宁生，1998：435）。

伊洛地区在中国文化的发展中，起到了重要的作用。首先，伊洛地区与三代文明密切相关。《易·乾凿度》："帝工始兴，各起河洛。"《史记·封禅书》："昔三代之居，皆在河洛之间。"这是说，在夏商周三代，其统治中心均在伊洛地区。其后，伊洛地区一直是孕育中国古代汉文化的核心区域。历史上，《河图》、《洛书》、周易八卦、儒家经学、道家经典、释教佛学、老庄玄学、谶纬神学、伊洛理学，或肇始于斯，或兴盛于此，河洛文化在中国几千年的古代社会中都处在正统的地位，对中国传统文化的产生和形成产生了巨大的影响（李玉洁，2005）。但需要注意的是，这并不是说河洛文化就是中国文化的唯一源头，因为除此之外，中国文化还存在其它源头，如荆楚文化、维藏等区域或民族文化，它们共同构成了中国文化的整体。

三、选择 C 镇

最后确定 C 镇为田野点，理由如下：

首先，要想深入了解伊洛地区基督信徒的生活和认知，必须通过深入到一个特地地区，通过剖析其历史背景等诸多方法，了解当地基督徒对宗教信仰的认识和践行，并对其梳理提升为一幅当地信徒生活的素描画，以期求把握农民基督徒信仰的状况与机制。而在中国，基督教基本上是以乡镇教会为基层管理组织，下面的各个村庄通过它而有机地联系起来。所以乡镇一级是调查宗教信仰的合适场所（刘志军，2007：8）。由此考量，选择镇作为田野考察点的前提条件是可行的。

其二，C镇文化传统比较厚重。前期调查发现，C镇保留了较多的文化传统与习俗。当地距二程（宋代大理学家程颢、程颐兄弟）故里很近。二程在中国儒学思想发展史中占有很重要的地位，是中国儒学第二次复兴的主要骨干人物，是宋明理学的实际创立者，他们所创立的"洛学"还使理学具有了完整的形态。此外，在历史上，当地佛教、道教曾十分兴盛，至今仍保留一些遗迹，当地居民至今还有不少"烧香"者[2]。在这样一个有着深厚文化传统的地区，当地基督教信徒所承受的文化适应的压力较大，如何调适是摆在他们面前非常重要的一个门槛，其皈依前后的心理历程很值得关注。当地一名基督徒曾对笔者感叹，信主就是要"断绝关系"，所以信徒们要坚守自己的信心。因此，选择C镇作为田野点，不仅可以观察到当地基督徒的信仰如何对其产生影响，他们如何在文化传统的压力下重新建构自己的精神世界；同时，也能看到信徒的宗教信仰是如何随着社会的发展变迁而变化的。置于这样的社会情境中进行研究，对于认识农民基督徒的宗教信仰、认识文化传统在国人心理构成中的作用和地位大有裨益。

第三，笔者调查C镇还具备一些便利条件。由于涉及到宗教问题，信徒往往都会有所顾及。正如Whyte（1943/1994: 339）认为的，必须要靠自己的私人关系方能被调查地区的人们所接受，其中最重要是要取得关键人物的支持，这比什么都重要。在笔者前期调查中，第一次拜访当地三自教会的教务组组长时，他就有意否认自己的信徒身份，这种情况在家庭教会里更为普遍。笔者爱人的家乡就在C镇，她有几个亲属皈依家庭教会，在旧居常常举办礼拜活动，而且之前几年笔者每次去都参加他们的活动，有一定的基础，相对较容易进入。此外，笔者远房的一个表亲曾担任当地三自教会的教务组成员，他对笔者的调查提供了不少便利。

第二节　C镇概况

为了更好地对当地基督徒进行研究，我们有必要对其生存环境有所了解，包括自然环境与社会环境，这有助于了解当地人的劳动和生活方式，并可以此作为我们相关考察的背景材料。

2　当地居民基本都认为佛道合一，鉴于去寺庙、道观都要烧香祈福，故统称之为"烧香"。

一、自然环境

1. 地理与气候

C镇隶属S县。S县全境山岭连绵，地势起伏，地貌多样。地势由西南向东北逐渐降低，境内两千米以上山峰7座。全县总面积中，中低山占95%，丘陵占4.5%，平川占0.5%，有"九山半陵半分川"之称。S县北部多为黄土丘陵，人口密集，植被较差，水土流失较为严重；S县南部为土石山区，人烟稀少，植被较好。

C镇位于S县南部，距S县县城105公里，是全县距离县城最远的乡镇。C镇东西长51公里，南北宽45公里，总面积556平方公里。C镇地处伏牛山腹地，属深山区，四周深山环绕，呈盆地状，是S县南部的农业主产区和人口聚居地。C镇海拔高度在575-2129米之间，镇域平均海拔600米，境内千米以上山峰有9座。全镇呈"南山北岭中河川"之势：东西系高岭，南北是高山，中间为平川；C镇南部有伏牛山东西横亘，大多为人迹罕至的原始林区或原始次林区；中部莲花山因山顶酷似莲花而得名，属浅山区经济林带；汝河川区位于伏牛山与外方山之间，是粮食和药材、蔬菜主产区。

C镇地处亚热带向暖湿带过渡地区，属暖温带大陆性季风气候，又是1月0℃等温线穿过地区，加之四周高山环抱，中间低平，一年四季分明，平均气温14℃。年降雨量750mm左右，无霜期150－200天，年平均日照2293小时。C镇是三山对接、四水分流、两带过渡的地域，具有"一山跨三域，十里不同天"的特点。南北物候迥异的区位、气候及物产，这使当地野生动物达200余种，其中列入国家级重点保护品种达18种。

2. 自然灾害

C镇地处山区，经常会遭受各种自然灾害。主要有以下几种：（1）洪涝。由于C镇地处山区，周围都是大山，所以当夏季汛期来临的时候，突发暴雨顺山而下，非常容易形成洪涝灾害及泥石流。尤其是那些住在山脚下的居民，每个夏天都会遭受不同程度的损失。（2）干旱。这是C镇乃至整个S县最主要的自然灾害。以S县全县来说，1986-2000年，共9年出现干旱，频率为60%，其中重旱1年。出现春旱4年，频率为26.7%；伏旱2年，频率为13.3%；秋旱1年，频率为6.7%。其中1986年冬春连旱，降水量比常年减少37%，全县小麦大面积减产；1994年7、8、9月连续干旱，全县50%地区旱地玉米绝收。在 2011 年上半年就发生过干旱，幸而当地居民大多已不种植小麦，只种植夏秋间的玉米，故而对粮食产量的影响不很严重。（3）冰雹。当地居民称"冷子"。C 镇地处伏牛山区，气流遇山坡抬升，4－9 月，常有冰雹发生。最近几年每到夏季都会遭受不同程度的冰雹袭击，给当地居民的生产和生活造成较大损失。（4）虫灾。据当地一名 70 多岁的老人回忆，他们小时候经历过大规模的蝗灾。蝗虫飞来的时候遮天蔽日，数量非常之多，过后地里的庄稼什么都不剩了。

在各种自然灾害中，山洪对 C 镇的威胁最大。每到夏季，当地的雨水较多，且多为暴雨。一旦众山植被不能吸收雨水，都会沿着地势流入三河，容易造成山洪等自然灾害。据 HB 村 T 岗王家的家谱记载，当地在清朝年间曾晚上爆发山洪，使当时王家全族被冲走，只有一人因外出未归而幸免遇难。

特别是在 2010 年 7 月 23－24 日，C 镇遭遇了 30 年最大水灾。据气象部门统计，两天降雨量超过 200 毫米，为 S 县境内受灾最严重的地区。造成部分房屋倒塌；多处干线和村村通公路损毁，多座桥梁被毁，周围交通中断；大量农田受损；通讯中断，电力受损严重；灌区、水坝、机井和石堰多处受损；自来水管道被冲毁，全镇（镇区和几乎所有村）自来水中断。以至于有百岁老人惊叹："活这么大岁数，第一次见，乖乖"！这使得当地居民和政府开始对夏季的防汛工作更加重视起来。据初步测算，该次暴雨导致的水灾共使 C 镇损失 4500 万元。镇区大型超市金源量贩，紧邻一条从山上下来的小溪，小溪穿过街区的地方架有一座小桥。平时水流不大，但当时由于桥洞被山上冲下的大树和石块堵塞，使得从山上下来的洪水在此拥堵，往上翻涌，导致大量洪水从金源量贩朝向小溪的后门处涌入，所有商品包括冰箱等固定设备被冲走，造成损失达 400 多万元。

做调查期间，爱人和岳母反复告知笔者，在夏季，下河的时候只要看到远方有乌云，都要赶紧上岸，因为高处往下的水非常湍急，等你发现水来了，就有可能来不及上岸，被洪水冲跑。她们告诉笔者，大约十五年前的一个夏天，C 镇连续的暴雨引发了河水暴涨，附近的村民纷纷在早饭后去河边看大水。其中 HB 村 T 岗的一对五六岁的龙凤胎姐弟，等不及父母吃饭，拿着妈妈蒸好的包子吃着就往河边去看大水，结果他们站的岸堤下方被凶猛的洪水掏空了，瞬间这对姐弟就掉入了湍急的河水中。当时很多人都看到了两个孩子掉到水中，但由于水势过于急，没有人敢下水营救，最后还是孩子一个懂得踩水的堂哥舍命跳入河中，最终在下游才救上来了弟弟，但姐姐却再也没找到。同时，这次大水还把该村临河的大片土地冲毁。于是这次大水后，HB 村 T 岗村民全员发动起来，修建了一条坚固的河堤，来抵御洪水。

图 3-1　2010 年 7 月份 C 镇遭遇山洪时的镇区受灾情况
（摄影时间 2010-7）

（图片来源：取自 C 镇网）

3. 资源优势

独特的地理气候条件，使 C 镇拥有较为丰富的林业、矿业和旅游资源。目前，萤石、中药材、林果、土特产已成为 C 镇四大优势资源。在矿藏资源中，萤石总储量最大，达 1000 万余吨，是我国四大萤石产销基地之一。中药材资源丰富，被誉为"天然药库"，品种多达 1294 种，年产中药材达 2000 吨，以山茱萸（当地居民称为"枣皮"）、桔梗、五味子、杜仲、连翘为主。全镇林坡面积 41330 公顷，森林覆盖率 78％。其中，浅山区槲叶坡已占全镇林坡面积的 80％以上。各种天然林、经济林、风景林品种多达 1190 种。山珍资源丰盛，年产干鲜果近万吨，主要林果产品有核桃、板栗、木耳、香菇等。

此外，由于自然环境优美，山川秀美，景色宜人，C 镇的旅游资源丰富。1995 年，S 县对全县各乡镇进行规划时，就重点把 C 镇规划为以集市贸易和旅游服务为主的旅游型乡镇。近几年来，随着生态旅游的升温，C 镇境内已开发形成 4A 和 5A 级旅游景区。

二、C 镇历史

1. 建制沿革

C 镇的历史较为悠久。秦汉时期已是连接中原西南部的重要驿站，车马云集。北魏及西魏时期在 C 镇建太和城，宋时成为伏牛山腹地重镇。明朝时期 C 镇是中原伏牛山寺庙文化中心。清时曾设四品守备衙门。1948 年在 C 镇建立县政府，1950 年设立乡，1958 年建立人民公社，1961 年复建为镇。1963 年撤区并社，复建人民公社，1984 年 1 月改为乡，1995 年 6 月撤乡建镇。目前，镇政府驻 C 镇街，辖 26 个行政村，381 个村民组，1.4 万户，5.6 万人，是 S 县人口、资源和经济大镇。

2．"C 镇" 由来

围绕着 "C 镇" 这一名字的由来，当地流传着几种说法：

其一，很早以前，有姓 C 的人在这里生活过，后繁衍成村，所以后人叫此地为 "C 镇"；

其二，秦时，为便于运送粮草，而在此设立驿站，常停车辆，故叫 "C 镇"；

其三，北魏及西魏时，"太和城" 位于 C 镇，当时就车马云集，后来逐渐形成了村子，就称为 "C 镇"；

其四，据 C 镇老塂场 "红椿寺" 的碑刻记载：明朝万历十七年（公元 1589 年）四月初八，是规模宏大的 "红椿寺" 重修工程的竣工庆典之日，庆典地点就在现在的 C 镇。这天，由当朝太后的钦差大臣在众太监和御林军的陪护下，前来送金经、金佛，表示祝贺，各地各级官员、僧侣、道徒也都前来迎接和祝贺。由于庆典大会时人山人海，车水马龙，故后人称此地为 "C 镇"。而且，此后，年年这里都要照例按时举办四月初八古刹大会，一直延续至今，已有 400 多年的历史了。

对于以上诸多说法，或许最后一种说法更合乎实际，因为现在 C 镇仍保留有红椿寺的一些遗迹。但不管何种观点，都说明了 C 镇悠久的历史。

3．C 镇发展

据史载，C 镇早在公元前五千年前就有人在这里繁衍生息。据《S 县文化志》中 "第二期文物保护册" 记述："C 镇西南高台地" 为 "新石器时代的 C 镇遗址"；《古文化遗址表》中也记述："C 镇 '三城' 约 2000 平方米的地域为仰韶中期文化的遗址"。仰韶文化是黄河中游地区的新石器时代的文化。那时的 C 镇（三城），是一个或几个有血缘关系的族群，当时人们分布在东、中、西三地，过着部落生活。

进入封建社会后，C 镇（三城）的生产和社会都有了很大的发展和进步，居住的人口也越来越多。据史料记载：北魏时期，这里建起了城池；西魏时期，这里驻兵，成为防御之所。《魏城碑记》碑刻显示：其遗址规模约为南北宽七百米，东西近千米，面积为一点五万平方公里。这一时期，可以说是 C 镇历史上最辉煌的时期。

明时，C 镇仅有零星散户居住。到万历年间，由于红椿寺庆典大会召开后，特别是四月初八古刹大会兴起后，在 C 镇居住的人慢慢多起来。到了明末清初，C 镇已初具规模。民国时期，先是被划为"太和里"，管辖多地；后又被划为南区，再后来就是现在的 C 镇区。

三、社会经济

1. 总况

C 镇位于 S 县南部深山区，总面积 556 平方公里，辖 26 个行政村，381 个村民组，517 个自然村，1.4 万户，5.6 万人，是 S 县人口、资源和经济大镇。

镇区座落盆地中心，镇区面积 2.4 平方公里。近年来，C 镇城镇化步伐加快，三纵四横七条街道和工业、商贸、居住、文化四大园区的镇区框架基本形成。镇区商户 1500 余户，常住人口达 1.7 万人。2000 年，全镇生产总值 1 亿多元，财政收入 147.5 万元，农民人均纯收入 2000 元。2007 年底，全镇生产总值 8.3 亿元，全年财政收入 1400 万元，农民人均收入 3554 元。到 2010 年底，全镇国内生产总值达 13.68 亿元，财政收入 866 万元，农民人均纯收入达 5440 元。

2. 民族构成

在民族组成上，C 镇绝大部分人口为汉族，仅有少量回族和满族。当地满族的习俗已与汉族没有什么区别，而回族集中居住，自成体系，对当地汉族的习俗观念并无影响。目前 C 镇的回民主要分布于三个自然村，其中多以丁为家姓。1990 年 4 月，县政府拨款在 C 镇 HB 村建清真大殿 3 间、水房 1 间，共占地 667 平方米，建筑面积 132 平方米。回民在这里从事宗教活动、料理回民葬礼、处理民族内部事务。笔者于 2011 年春节期间第二次返回 C 镇后，就居住在 HB 村，但一直没见到清真寺开过门。据 HB 村居民介绍，清真寺平时不开门，只有在葬人时才在里面停尸。他们说，不同于汉族的是，回民用白布裹尸，之后装入棺材（经匣）中，再举行葬礼。

一些给当地少数民族带去优惠的民族政策，令当地一些汉族居民心里感觉不平衡。特别是前些年当地政府推行火葬时，对汉族实行强压政策，而回族保持自己民族的土葬风俗。每次谈起时，当地一些汉族居民就抱怨："土葬也是咱汉族的老规矩，为什么人家能保留，咱却被废除？"此外，看到当地政府对回民宗教信仰采取的扶持政策，当地基督徒也有自己的看法：对三自教会信徒来说，尽管他们宣称教会不仅不需要国家拨款，还在国家有难（如汶川地震）时，捐钱捐物，但谈及教堂由于年久需要翻修或重建时，还是流露出期望政府扶持的念头；而对家庭教会信徒而言，则希望政府能支持其宗教信仰，放宽管制。

3. 经济发展

S 县是一个传统的农业大县。C 镇由于位于深山区，全镇耕地面积仅有 2414 公顷，以种植玉米、大豆、小麦为主。全镇共建小型水库 4 座、水塘 56 个、提灌站 23 处，40％农田可以灌溉。但最近七八年，很多的当地居民开始不种植小麦，只种一季的玉米（当地居民称为秫秫）。对于此种变化，老年人显然不如年轻人那样容易接受。在 HB 村 T 岗东头的一次闲聊中，当地居民郭奶与高嫂就此事展开争论[3]：

> 个案：郭奶，67 岁[4]，非基督徒，小学文化程度，HB 村 T 岗居民；高嫂，36 岁，非基督徒，高中文化程度，与郭奶是邻居。报道时间：2011-10。
>
> 郭奶：近两年不种小麦，人太懒了。去年说是旱，今年到现在也没人种。
>
> 高嫂：（一年两熟）那股劲种那秫秫可瞎，实际上，群众们干招忙，多出力，也不见得多收成，所以说才种一季。（现在秫秫）再不收，一年四口人也吃不完。
>
> 郭奶：我看不如两季，打麦好些。
>
> 高嫂：两季投资也老大，人也老累得慌。
>
> 郭奶：就是哩。麦打下来，有天就得赶紧晒，老累得慌。种一季秫秫，不种麦的话就不咋累了。

---

3 为保护受访者的隐私，本书所涉及的人名均做了技术处理。

4 年龄计算的年限为出生年到报道时间，该计算能有效反映出报道人在报道时的年龄。

上述对话反映了当地居民不种植小麦的原因：除收成不划算外，收割时天气炎热，人太辛苦也是原因之一。即使是基督徒，也有人认为"这麦一年不是老好收，收着老费事。割麦的时候没人手，好多地收割机到不到里面。到割麦时候天也热，现在谁还下地割麦呢？没人下地割了。"此外，当地不种小麦与地方气候特点也有一定关系。当地海拔较高，比临近平原地区的气温要低一两度，当地平均气温为14℃，比S县平均气温（14.5℃）低，这就使得种植物的成长周期较长。有居民回忆，以前一年两熟时，小麦还未到收割的时候就要种植玉米，这使得小麦和玉米的收成都不好，甚至有时什么收成也没有，而现在只种玉米，玉米的收成比以前要多许多。同时，他还认为，把家中吃不完的玉米到镇上粮油店兑换面粉，也省事了很多。此外，当地的自然灾害也会使一年两熟的风险增大，当地一信徒告诉笔者，"这里种地没一点保障"，"不旱不涝（小麦才）能长熟，歪好一旱一涝都长不熟了"，"今年（2011）前半年一下旱到啥时候，一直到五月还没下雨"。而成长周期长使得种植作物的口感很好，如当地的玉米比平原的更香甜。即便是在C镇，当地居民普遍认为，海拔更高的南山所种植的"老两口"土豆（当地居民称为"芋头"）和玉米都比海拔低的地方更好吃。

从整体发展来看，C镇的经济发展主要依托其资源优势。目前，已建有县萤石矿1座。但相对来说，无论在利润还是从业者数量上，矿业和当地居民的关系不大。对于中药材资源，镇区已建有中药材大市场，占地1.2万平方米，为洛南最大的中药材购销集散地。在中药材中，当地居民以种植"枣皮"（山茱萸）和桔梗为主，产量多；其他药材多是天然野生，产量少，仅为靠山居民的副业收入。林果产品中，以种植香菇和木耳为主，一些家庭以此作为家庭主要经济来源。C镇前任教务组长李ZJ告诉笔者，他每年都种植香菇，年收入两三万，觉得收入还是很好的，并以此供儿女上完大学。

C镇浅山区槲叶坡生长的槲叶，是优质食品包装材料，主要加工出口到日本。C镇年产优质槲叶产品占河南省的70%，占日本市场需求量的40%。1995年C镇槲叶成品加工厂已发展为6家，成为当地出口创汇的主要企业。同时，每年春天采摘槲叶也为当地居民带来一定的副业收入，特别在早些年，满山遍坡都是人们在采摘槲叶。这项活动甚至影响到了当地的中小学的假期。前些年每到春季斛叶成熟的时候，全镇所有的中小学都会放假一周，当地人称作"斛叶叶假"，即让学生上山摘斛叶卖钱，然后回校后交一定数额的钱，称为"勤工俭学"。直到近几年,这种假期才取消。另外,槲叶坡每年放养蚕种1000公斤,年收蚕茧300吨。

图 3-2　当地居民用"枣皮机"加工"枣皮"(摄影时间 2011-10)

此外,C 镇由于地处山区,有着较为丰厚的在旅游资源,目前已有 5A 级的旅游景点白云山国家森林公园,4A 级的旅游景点木扎岭原始生态风景区,还有卧龙谷等多个已经开发的旅游景区和众多人文景观,从而带动了当地居民的就业。家庭宾馆已成为旅游景点附近居民的重要的谋生手段之一。旅游产业已成为 C 镇经济新的增长点和支柱,带动了第三产业快速发展。

四、基础设施

1. 交　通

S 县境内重峦叠嶂,沟壑纵横,制约了 S 县交通事业的发展。1983 年 S 县就被省定为山区公路建设重点县。1995 年起,借交通部对口扶贫机遇,S 县掀起县、乡、村修路高潮。2000 年,除一个乡外,其他乡镇全部通公路,316 个行政村通汽车。目前,311 国道纵贯 C 镇全境。镇区设长途汽车站,班车可直达 S 县县城和临近各县市。

之前去县城的路有两条:"河路"和西路,但都盘山、沿河而建。后来政府对西路进行重修,开凿涵洞多达十几个,即便如此,去县城还需要两个多小时。此外,由于 C 镇周围多为大山,修建公路的难度相对较大。即便是国道也仅为单车道,当地不少居民也都沿路建房,这些都导致当地容易发生堵车和交通事故。特别是在山道转弯处,视野不佳,极易发生事故。笔者在多次去县城的路上，就遇到多起交通事故。

由于当地地势高低不平，故而当地居民极少使用自行车，基本上每家每户都买摩托车作为交通工具。由于镇域面积较大，当地公共交通工具主要为机动三轮车，当地人称之为"摩的"。摩的后厢上撑有敞篷，两侧各担一块木板作为座位。一般为个体运营，依据距离收费，起价一元。

2. 教育、文化与卫生

教育方面，镇内有县第二高中，初中、小学及幼儿园多所。1998 年投资 600 万元建成可容纳 3000 人的镇中心学校，完善镇区幼儿园教学设施，新建和改建校舍面积达 51431.5 平方米。

镇区建有大型活动广场、影剧院、县文化馆 C 镇分馆等文娱设施。乡村电影队 11 个，业余剧团 10 个。当地 GT 村狮子上绳、铜器和 SD 村的高装、背装，在 S 县民间艺术界享有盛誉，每年正月十五在镇区举办大型元宵文化艺术节。

镇中心医院，设门诊科室 17 个，配备有 X 光、心电图、B 超机等基本医疗器械，医务人员 100 多人。2000 年，镇中心医院又进行了全面改造，新配置大型医疗设备。此外，C 镇还有村级卫生所 26 个。整体来说，当地公共医疗卫生水平还很低，存在疏漏，看病难、看病贵现象严重。几年前，当地医院曾发生一起医疗事故，一名农村妇女在该院分娩时难产，医院和护士只关注婴儿，没有注意到产妇已因大出血而昏厥过去，发现后才想起采集产妇血液检测血型，等合适的血拿到的时候，产妇已经没有抢救的余地了。随后，产下的婴儿也抢救无效离开了人世，两条人命就这样没了。此外，由于当地山多路远，有的地方离镇上有十几里远，坐车非常不方便。再加上当地人的经济收入非常有限，常常有病不是去镇卫生院就医，而是找村医或者用土方法治疗，治不好就换另一种方法，往往耽误了最佳治疗时期。

五、C 镇人的文化娱乐

相对于中原其他乡镇，C 镇给笔者留下印象最深的是当地居民对文化娱乐生活的强烈渴望。每到晚上，镇上各个广场都是群众自发组织的娱乐健身活动，有跳秧歌的，有跳民族舞的，十分热闹。

C 镇的文娱活动，突出表现在重要的传统节日上。一到春节，老百姓们纷纷积极参与，把文化娱乐活动推向高潮。受到河南电视台《梨园春》节目的影响，当地人在前几年的春节期间都会组织戏迷擂台，让热爱戏曲的广大群众能有展示自己的舞台，受到当地百姓一致好评。春节期间，C镇较大的村中都会演大戏，对此，当地居民形容道，"三天戏，五天年，稀哩呼啦就过完"。在HB村，一到春节，就有音乐爱好者自发组织娱乐活动，比如扭秧歌，一般男性负责敲锣打鼓，女性则在场子中间扭秧歌。

相比较而言，C镇的元宵节要比春节更为热闹。C镇每年都要举办元宵灯展、灯谜。正月十六上午，在镇区还组织各种庆祝的娱乐活动。听当地居民说，前些年一直有舞狮、铜器、高跷、旱船、高装、背装等娱乐活动，但近几年种类越来越少，好的表演者都到S县县城，在C镇大都只是"敲敲锣，打打鼓"。

图3-3　春节期间HB村民的娱乐活动及元宵节C镇区锣鼓庆祝
（摄影时间 2011-2）

C镇娱乐活动的兴盛，与当地一大批热爱文艺的人密不可分。他们经常在闲暇时间聚在一起，切磋、共享音乐艺术，并以此为乐。以HB村村民贺QW为例，他从高中开始跟着学校的音乐老师学拉二胡到现在，几十年的时间没有中断过对音乐的热爱和探索。现在他已自学了包括电子琴、手风琴等多种乐器，每到清闲的时节，几乎每天都会有附近村子同样喜欢音乐的人去他家里，他们时而合奏，时而有唱有奏，时而一起高歌。这些好友经常是吃过早饭就相约去到他家，一直到晚上才离开。他们的音乐和快乐，也感染了村里其他的人，只要他家有音乐响起，就会有或多或少的村民前去欣赏。尤其是春节和酷暑的晚上，那里俨然是一个火爆的小型剧场，时不时也会有爱好唱戏或唱歌的村民加入他们的行列，唱上几段。不管唱的好与不好，那种真诚，那种热情，总会让在场的每一个人感受到那种纯粹的快乐。此外，贺QW还经常自己动手制作孔明灯等手工艺制品，其生活可谓丰富多彩。

经常与贺 QW 一起玩音乐的人中，有一位是同村退休的中学教师黄老师。黄老师的人世经历了无数坎坷，可他却从未间断过对音乐的热爱和追求。期间他曾自学五线谱，并在还是民办教师的困难条件下，花了全部积蓄加外债二百元买了一架他至今还小心呵护的电子琴。用黄老师自己的话说："音乐为我的生命保驾护航。"

镇上还有一位卖饲料的老郭，他每天在店里除了卖饲料外，大部分时间都用于玩音乐。他在店里靠后的地方摆放着他每天必玩的二胡、电子琴等乐器，也经常有喜爱唱戏的乡亲到他那里让他伴奏，唱上几曲。另外，老郭还喜欢练书法，经常会为自己的饲料店手绘一些宣传画放在门前，并做一些文字说明，以此吸引顾客购买他的产品。春节时他也会为了正月十五的灯展，自制画有肥猪的观赏灯挂在自家门市前。

在 C 镇，像这样热爱音乐的人还很多，他们不惜付出金钱和时间，陶醉在艺术的海洋里。他们对艺术的热情和执着追求，陶冶了自己，同时也引领了 C 镇人的文化娱乐生活。

六、C 镇人的政治关注

当地居民在茶余饭后都喜欢串门，闲聊时也常谈及政治问题及有关自身利益的政府行为。

笔者在 C 镇做调查期间，一直住在 HB 村 T 岗，这里通往镇区要经过一条河。本来有大桥连通，但 2010 年的一场突发暴雨，将一部分桥体冲坏。镇政府便委托当地驻军将整个桥梁炸毁，并在旁边用沙土建一便桥。但是水势稍大就会将便桥冲毁，给当地居民出行造成很大不便。此事使附近居民非常不满，他们认为大桥加固一下还可以使用，走人没什么问题，这是当地政府想办法从上面捞钱。有居民说，这桥本来需要 150 万，但镇政府去向上面申请 300 万，人家审计一下觉得不需要用这么多钱，所以一直没有审批。此外，大桥迟迟不动工，从 2010 年下半年推迟到 2011 年下半年，HB 村 T 岗的村民告诉笔者，"大桥说是九月份开工，现在十月份了还没动静"，这让他们心焦不已。而与此同时，靠近断桥的河边却正在修建镇公园。不少居民就认为，可以先不建公园，把桥建好是当务之急。

当地居民对镇政府的不满，还表现在其它公共服务工程上面。一位退休的中学教师就认为："现在好多事是地方政府把它弄坏了，比如当时第一次搞村村通时，咱 HB 村都没弄，咱也比较穷，而且担心他们是乱摊派。有其他一些生产队铺路，政府问老百姓摊了一部分钱，到后来市里的日报公布相关信息，才知道国家拨的钱够铺路了，是地方政府把钱贪了，还让老百姓摊钱。现在政府再让出钱修相关的工程，都要考虑再三"。基督徒们对这一问题也表现出不满的态度。一名基督徒说："南坡修路，上级政府拨的钱真是够，无需农民兑钱，但是到修的时候，钱确实少了很多。这种贪污现象很多，C 镇到下面村里的路，据说国家拨的钱足够了，可修路时又说不够，让农民掏钱不是也都掏了，再说，路修到半截了，而且咱农民也没权去调查，让掏钱也只能掏了"。另外，由于 C 镇属山区，地下石头较多，不易钻井，给当地居民用水造成较大困难。政府宣称已修建镇区和农村饮水工程 32 处，自来水普及率达 70％。但镇区断水已成为经常现象，而修建的饮水工程大都出现问题。当地居民说，有些工程上面都拨够了钱，但地方政府不说，还让每家每户都掏一点，而且在购买水管水泵时买最"瞎"（差）的，两三年都不能再使用了。不仅如此，他们还认为政府在具体的公共服务的设计上也有问题。有居民告诉笔者，地方政府从上面申请项目修建灌溉水渠，但由于靠河边的水渠低而其他的地势高，所以根本无法供水，上面来人检查只是个形式，只要招待好就行了，根本就不会看能否正常使用，到最后受罪的还是老百姓。

在访谈中，尽管当地居民大都对地方政府不太满意，但对中央政府还是很拥护的。他们经常谈起中央的政策是好的，制定的各项方针政策都是为老百姓着想，如现在不用交农业税还进行补助等。从高处山区迁移到镇区边缘的家庭教会信徒汤 HS 说，"国家现在让老百姓满意的事，一是不出这个地税，再一个啥各方面的税都不让你出，往年还交公粮。俺从'高处'[5]挪下来，政府补贴不少。今年给减免户每家还发一袋面"。但他们同时又认为，这些好政策一到地方就"变味"了，地方政府往往只为自己的利益考虑，只知道捞钱、送礼，从上级政府那里申请点项目，从中贪一点，欺上瞒下。一名基督徒认为："下面的地方官员不中，只嫌各自弄的少，老百姓气都气到这方面"。TH 村的一位基督徒对笔者回忆，2010 年遭遇山洪，国家拨了一批扶助款，但地方政府却用以购买面粉，从中盈利，给居民"年根发袋黑黢黢的面，都没法吃"。

总体来看，当地居民对目前的一些现状，都表现一定的不满。在他们看

5　地方用语，意思是山上，特指有人居住的深山区。

来，官员的表现就代表了政府的形象，下面的官员都不做实事、只知送礼，怎么能令老百姓满意。这种不良现状甚至在一些村民看来目前是很难得到改变，如镇区的一个个体户告诉笔者，"这是机制问题，不可改变"。

对于现状，当地居民通过与历史做比较，提出了自己的看法。其一，与毛泽东时代比较。一位 1970 年就入党的老党员告诉笔者，现在下面政府做的都是一种形式，"而我们那时被毛泽东熏陶的，只有共产党才能救中国"。他认为，在毛泽东时期，无论官员还是百姓，觉悟都很高，"向往没有私心的社会"。而"现在的农民只能说不挨饿，现在到处都是资本家，把毛泽东弄的一套都推翻了"。最令他失望的是，现在贫富差距拉大了。他说，"对这我彻底看透了"，为此，他就不再交党费，"算是自愿退党"。他认为目前过分注重经济发展是错误的，提到："我们当时在部队的时候，经常会讨论到底是让枪指挥党，还是让党指挥枪？这说明思想很重要。所以我觉得现在不管人的思想教育，只抓经济，什么黑猫白猫论，这是最坏的。不管你是贪污还是腐败，只要把钱弄到家，讨得人家很能干，很有本事，就是在这种思想的驱动下，把人的思想彻底搞坏了"。据此，他提出"要想改变，就是再来一次文化大革命，再来一次全国性的政治运动"。其二，与封建王朝比较。HB 村的王 TJ 就认为："现在的政府还不如封建社会的朝廷，因为那个时代国家明确的归属于皇帝一个人，那么皇帝为了自己和后代，就会着实努力建设好国家。而现在官员都为自己着想，国家成了这些人的工具，这样国家自然建设不好，最终受苦的还是老百姓"。对于贪污腐败的处理，HB 村的王 GC 认为："以前大贪都判死刑了，现在都不让判了，就不知道咋着了。处理的方法就应该像宋代的包公一样，不管你是谁，只要你确实是犯法了，都敢铡你，这才中"。

第三节　变迁下的文化传统

C 镇的文化传统保存较好，并影响着当地居民的思想、价值观念和行为。总的来看，当地文化传统可分为社会行为（习俗）和思想观念两个层面，前者主要包括传统节日、人生礼仪、民风，后者包括传统观念、历史记忆和传统信仰。

一、传统习俗

1. 传统节日的保留

随着社会的变迁，不少传统的节日在当地已很少庆祝，如寒衣节[6]；另外一些节日，如端午节、中秋节[7]、祭灶节[8]等，即便是过，很多人也觉得意义不大。不少人就认为过不过都一样，即便是过也大都是"吃顿好的"。但一些重要的传统节日，当地人还是十分重视的：

春节，当地居民称之为"年下"、"过年"。除夕和初一早上要吃水饺，从初一到初五一直称为过年，所以初五早上还要鸣炮以示年已过去，这被称"破五"。从初二开始才能"瞧（走）亲戚"。过年时，当地的风俗规定有一些禁忌，如已婚女子不能在娘家过农历大年初一和腊月二十三。

二月二，即农历二月初二，处于二十四节气中"惊蛰"前后，当地居民认为是"龙抬头"的日子。这一天，当地居民会到自家祖坟处上坟，即进行祭祖活动，添土、挂白纸、摆供品、燃香、磕头祭祖、燃放鞭炮。而在清明节，却很少有人祭祖。

2. 礼俗：人生礼仪

1）生育礼俗

家中添丁是家族的一件大事，也是人生礼仪中的一件大事。当地居民称女子怀孕为"有喜"，生子叫"添喜"。

孩子满月时，亲朋好友都要去"送米面"，即去探望产妇和孩子，表示祝贺和关怀。这时家庭会举办宴席，称为"待米面客"。传统礼品主要有白面、鸡蛋、红糖、花布和小孩衣物等，这些年逐渐变成送现金。一般生男孩或头胎都会大宴宾客，但有的家庭生女孩不待客。

当地风俗要求，孕妇不能在娘家生孩子；产妇生下孩子一个月之内称为"月子婆娘"，不能串门，也不能回娘家。

2）婚嫁礼俗

当地的婚嫁礼俗仍较完整的保持传统样式，但也有所改变。首先是说媒提亲，以前在山区很多结婚并不是自由恋爱，而是由"媒人"介绍。如今即

6　农历十月初一。传说为鬼节，家家户户备置五色纸、冥币、供食等，日暮在祖先牌位前或到十字路口焚烧祭奠，给故去的亲人和"游魂路鬼"送钱、添置寒衣。

7　由于当地年轻人大都外出求学、工作、打工，中秋期间很难返回，家人不能团聚，当地居民对中秋的态度越来越冷淡。

8　农历腊月二十三，传说为灶君夫妇上天界省亲奏事的日子，故家家户户备佳肴饯行。在厨房内贴灶王夫妇像，两侧多书"上天言好事，回宫降吉祥"、"二十三日去，初一五更回"对联，晚餐前要摆供香，燃放鞭炮。晚餐一般为火烧馍、粉汤。

便是自由恋爱，也要找一个媒人从中说媒。说媒一般不少于三次，其内容分别为：第一次是媒人到女方家中，征求女方父母同意双方以结婚为目的交往。第二次是订婚，一般男方要给女方一定的彩礼，现在基本为结婚双方一起到县城购买衣服和"三金"（戒指、耳环、项链），另外要给女方一些现金。现金以前不多，只是"意思到"即可，近两年却从都市传过来风俗，金额较之前多了许多。这与当地经济发展也有关系。一般来说，订婚需要两三万。第三次是商量出嫁事宜。婚事征得女方父母同意后，男方择好结婚的吉日，并将日期写在红纸上，再备好礼品，由媒人和男方父亲送到女方家里，商讨婚嫁事宜。礼金一般要比订婚时的多。

传统的婚礼只在男方家举行，但这些年也有很多女方家庭在男方举办婚礼前几日，在自己家中招待前来贺喜的同宗近门、亲友街邻，当地称之为"添箱"，贺礼现在多为现金。

当地传统的结婚仪式是在早上举办，但现在由于有的结婚双方离得较远，为了迎亲的时间更充分，也有在中午办的。在结婚前一日，男方家中会将所有门上都贴上婚庆的对联，婚房中还要贴大红"囍"字和窗花剪纸。另外，还要组织一个迎亲的队伍，一般要有双数的男性和一位女性，这些人的属相必须要和新娘和新郎的相合。其中男性主要是到女方家搬运嫁妆，女性则是接新娘，帮新娘拿一些贴身东西。结婚当日，迎亲队伍会按照事先算好的时辰去女方家接亲，现在迎亲队伍一般是轿车，而轿车的数量和档次要视家庭经济情况而定。男方的迎亲队伍从家出发的时候，要放炮，表示要去迎亲了。走到女方家门口时，也要放炮，这是为了让女方家人听到炮响，知道是迎亲的来了，好出来迎接。这时女方家一般由姑、姨等亲属出来迎接，男方就拿出准备好的油馍篮，现在也可以拿红包给女方亲属，然后女方会将男方的人请进家中吃饭。饭后男方的人要把新娘的嫁妆搬到车上，原则是一人只能搬一次，搬不完的由女方的人给送出来，而男方要给女方帮忙搬运的人封分（红包）。等嫁妆都装好车，新娘子就要准备坐车走了，但有一点是要遵循的，就是要等日头发红方可出发。也就是说等太阳出来了，女方才可以出发。从女方家出门的时候，新郎官要与新娘共打一把红伞，把新娘护送到车上。到车上后，由女方家的侄女拿出家里准备好的绿鞋子，让新娘换上，而这双绿鞋是不让沾地，也不让再穿回娘家。女方随身携带的东西主要是用床单包裹的成对的洗脸盆、梳子、镜子、衣饭碗（吃饭的小碗，寓意女儿出嫁后衣食无忧）、烧饼（当地的老习俗是结婚时要烙烧饼，上面点上红点，让客人吃。当地有一种花就叫烧饼花，因为结的果子和往年做的烧饼极其类似。现在这些年大家都不稀罕吃这些，就不做了，改用市场上卖的米饼代替）等。另外，以前新娘要为新郎家的每一个人做一双鞋，现在都改为买鞋。当一切都准备妥当的时候，就放鞭炮，启程回男方家。往年人娶亲多是步行或是骑马、骑自行车，行进速度比较慢，有时候同一天会有很多对新人结婚，如果路上遇到别家结婚的，双方要互换手绢，以驱除不祥。

迎亲的人回来时，从进村开始的所有井和磨盘都要用红纸或红布盖上，不能让新娘看见。等新娘快娶到家的时候，男方家门口要放鞭炮迎接。等女方从车上下来的时候，要另外换一双鞋，或是由新郎抱着到屋。当新娘进大门的时候，会将门口放着的两堆由红纸包着的干草堆点燃，进而引爆里面放的花炮，传说这样可以避邪。当地人在驱赶邪气的时候会说：你走不走，不走用干草出溜（抽）你。表明干草在当地被认为是驱邪之物。烧干草实际上就替代了其它地方跨火盆的仪式。在进门的同时，会有人向新娘头上撒五谷、硬币十二个、栗子、核桃等。

当新娘被接进屋里的时候，会由男方家的妹妹或是侄女给新娘端洗脸水，新娘给她们"封分"（给红包）。然后男方家的婶子会给新娘端来面汤，这时新娘是不能喝的。因为按照老规矩，以前的婆婆都十分厉害，新娘进家门要端一端架子，表明不惧怕婆婆，以前甚至有把面汤倒在地上的传统，现在都是放在那里不喝就是了，但要给端面汤的人"封分"。最后再由男方的女性亲戚，把女方家带来的饺子煮好，盛到新娘带来的衣饭碗中，端给新娘和新郎。这碗饺子新郎和新娘是都要吃，同时也要给端饺子的人"封分"。

在宴席开始之前，新娘和新郎要去谢厨，就是给做饭的厨师送去香烟、肥皂、毛巾和红包，并且敬酒以示答谢，然后就可以开席了。开席之后，新娘和新郎要去给席上的每一位亲戚朋友敬酒，其意义主要是让新娘子认人，但由于去的亲朋好友多，一般只介绍近亲给新娘。

结婚当天婚房中的灯要一直亮着，以前是点蜡烛。另外，当地人认为"新媳妇头上三尺火"，所以新娘三天之内不能去别人家。

新婚第二天，新娘由长辈接回娘家叫回门，新郎要由同辈人陪同到女方家，女方家设宴待客。结婚后的第三天中午，男方家要请邻居、亲戚和几个老人去家中吃稠面条，谓之"喜面条"。到三天之后，女方家的兄弟姊妹会去男方家中接新娘回娘家，在娘家住三天之后，新郎再到女方家将新娘接回。从此以后就可以与娘家自由来往了。

另外，结婚当年的六月六，新娘要带上油馍篮，回娘家看望父母、姑、姨、叔、伯、舅等亲人，当地称为"望夏"。现在新娘主要带买的礼物去，比如牛奶、方便面之类的。这些亲人要为新娘买扇子、毛巾、汗衫等过夏用品。到了春节的时候，新娘和新郎要到双方所有的亲戚家中去拜访，称之为"认亲"。以前主要是带油馍篮，现在多是买礼品或是带一块用红纸包着的猪肉，称之为"礼"。

嫁娶时，添箱送礼，当地一般为30到50元，100元的很少，只有近亲和挚友多一点，一般为100到500不等。相比较临近地区的"礼重"（至少100元），C镇的礼金不多。

不同于邻近地区的流水席形式，如S县北部的"二八场"或"八碗四"，当地是传统的"十大碗"，多为萝卜菜[9]。虽然样式显得单一，卖相也不好，但是吃起来味道还不错。到第七碗为凉菜，可能为提醒可以离席了。餐桌也不是高凳大桌，而是低凳小桌。对于当地人来说，这种独特的酒席有着其它形式不可替代的作用，那就是做起来省事，成本低，基本上礼金就够用，还有剩余。这是由于当地参加宴席（"吃桌"）基本是全村出动，还包括紧邻的村庄；而且，当地的习俗一般是递一份礼金，但全家出动去参加婚宴，因此，当地每场婚宴的参加人数十分多，坐四个人的桌子至少要有一百桌，所以菜并不精细。此外，参加婚礼的亲朋好友都是在婚礼的前一天晚上，甚至中午就到新人家里去递礼金，新人家里要准备和第二天婚宴一样的晚餐招待客人。晚上一些家离得远一点的亲戚都会在新人家里留宿，等吃过第二天早上或中午的正式婚宴之后再离开。那么，对于办婚宴的家庭来说，就要操持两顿一样的婚宴。所以，面对不多的礼金，这么庞大的人群，还要办两次，如果按其它地方的流水席来操办婚宴，开支将是一般家庭所负担不起的。因此，当地人世世代代选择了这种"十大碗"的形式来招待客人，目的主要是给自己省事、省钱，也能让客人吃饱。当地，也曾有人照着"三八场"宴请，但由于当地"礼轻"，一般都要往里贴钱。如果有人这么做，就会被视作要"讲排场"。

9　当地特色菜，把萝卜菜和五花肉烩在一起。

图 3-4 当地"吃桌"现场人山人海（摄影时间 2011-1）

也许这种习俗跟当地人之前生活条件差有关，人们对于能吃上这样一顿饭菜十分向往，因此会全家出动享用难得的美餐。这种物质上的匮乏也造就了当地人不讲究饮食的习惯，就算是现在很多人的经济都比较宽裕，但饮食方式与以前也相差无几，多是吃制作较为简单的面食和大锅烩菜。他们更愿意将钱省下来，花在供养孩子读书和盖房子上面。现在有些经济条件较好的居民家里举办婚礼，也还是选择这种传统"十大碗"的做法，但会多上一碗或两碗。

制作婚宴的主勺人一般都是由嫁娶家庭出钱聘请，他们多是以此为生。但负责洗碗、烧火等打杂的工作要近亲、邻里帮忙料理。为能将具体事宜进行详细分工，各自准备，当地要设总管、礼桌、库房、照客、旋风、大小厨等执事人员，并将其写在红纸上，贴在墙上告知。

3）丧葬礼俗

当地丧葬礼俗基本保留传统的风俗，变动不大。丧葬礼俗只能针对老人，小孩夭折的，过去大都不能埋葬，而是扔在后山，现在的要求就没这么严格，可以埋葬，但一般不进祖坟。

家中老人去世，先是通知四邻，然后派人向老人的舅家报丧。家中的晚辈人都要戴孝帽、穿孝衫，在鞋头表白布。"办白事"，首先要给死者换全套新衣服。换衣服是一个技术活，死者家属都会提前请来有经验的人前来帮忙。据当地人说，如果死者股间有屎就被称为"死前留一泡"，这是死者为后代留的最后东西，是一件对后代有利的好事。停尸时，先是找一门板，上面放草铺，置于堂屋。随后，将死者头朝门外、脚朝里停放，脸上蒙一白布，并将双脚扎起来。据当地人说，这是因为怕死者受到惊扰而诈尸。靠近死者头处为摆放贡品的小桌子，贡品一般为"倒头肉"，一般为插着筷子的猪肉块。此外，有两份面食和纸、箔、香等祭品，正中点老式的香油灯。

守灵中，死者嫡亲、近族晚辈，无论男女都要在一旁守着。遇到近亲或吊唁的人前来哭，这些孝子们都要陪哭。哭的是否厉害成为当地人评判近亲是否有孝心以及其他人关系远近的依据。一般守灵三昼夜，其后设奠，请亲友前来吊丧。前来吊唁的亲友所带祭品中，"火纸"和鞭炮是必备品，他们将祭品放在供桌上，鞠躬或磕头。这时，都有主礼人高喊，"孝子回礼"，跪在一侧的孝子对前来吊唁的亲戚、朋友四邻，不分大小，在来人鞠躬时都要磕头回礼。一位居民回忆道，由于跪拜的时间较长，行礼结束后不少人站不起来，都是旁人搀扶起来的。

吊唁时，死者的家庭设立账房，一般为在一小饭桌上进行登记，专门负责登记亲友送来的钱、挽联、花圈等。招待吊唁人的酒席，一般也是"十大碗"。

其后，将死者饰容后装殓即入棺，长子负责抬死者头部。当地有老人的家庭提前几年就已置备棺材。棺木多用桐木、柏木。棺木做成后要涂黑漆，不用时，过年要贴上"百年不用"、"千年不用"这样的红帖，以象征长命百岁。钉棺前，至亲、近戚都会前去瞻仰遗容。入棺时，棺内放衾褥衾被，在死者的头部、腰部、脚处分别放 4 枚、3 枚、3 枚硬币，为"十全"。硬币前些年多用方孔的清代古钱币。近些年，都放入现在发行的硬币，多为 1 元的硬币。

在坟地选择上，要先请风水先生确定坟位方向，以求福荫子孙。在殡葬前一天下午和晚上，由孝子行九叩礼。起殡赴墓地时，孝子举花圈、纸扎的房子、童男童女等前行，由懂礼的人端供品在前面引导，长子抱遗像，次子等执引魂幡在棺前哭行，其他所有送殡孝子执"哭丧棒"在棺后跟随，沿路撒方孔纸钱。掩埋时，孝子向墓穴铲放第一锨土，而后所有人参与封土，形成丘状，随后插引魂幡于墓首。

3. 民风淳朴

1）孝敬老人

在当地，如果你孝敬老人，就会被大家格外尊重。相反，大家对于不赡养老人的村民则是十分鄙视的，都不愿与之过多交往。受这种风气的影响，当地人都比较看重自己在孝敬老人方面的形象。这方面较为典型的是一个叫吕YJ的人。当地居民经常谈起他，一是说他家住深山，非常贫穷，但刻苦努力、"聪明"[10]，现在成为少将；二是最令当地居民敬佩的是，他曾先后把他的父母、三个姐姐、岳父、岳母接到身边，让他们都得到很好的照顾，颐享天年。

2）裸 浴

在 C 镇的各个村庄，每到夏天，就会有很多村民到附近的河里洗澡，这种习俗延留至今。他们三五成群在河流的一段裸浴，而且男人与女人洗澡的地方不过五十米远，相互之间完全能够看清楚对方的轮廓。就算是离人来人往的村落大桥不远，他们也都毫不在意往来的路人。尽管对外地人来说，有些诧异，但对于当地居民来说，是一件很自然的事情，都没有太过在意。不过，由于这几年过度采砂，把河道弄得很脏，一些村民经济富裕了，在自家房子里面盖了能够冲凉的房间，就很少有人到河里洗澡了。

4. 其 他

吉日。在当地，一旦盖房破土动工、生意开张、出行、迁居、婚嫁、垒灶台等，都要请人择吉。当地把农历逢三、六、九日或腊月下旬当做吉日，有"三、六、九，不问就走"之说。

忌讳。出行择日，有"七不出门，八不回家"的习惯（即逢农历七、八的日子）。人亡忌讳说"死"，对长者称"老了"，对中年人称"不在了"，对幼儿则说"板了"。

二、传统观念

1. 讲面子

当地居民的饮食比较单一，做法也都较为简单，主要吃当地产的农作物，以小麦、玉米为主。早上面汤、玉米糁汤，吃馒头，中午多为捞面条；晚上一般喝稀面条、糊涂面条。当地传统饮食中的蔬菜种类相对较少，其原因主要是前些年当地交通不便以及经济发展相对落后，因此吃菜基本得依靠自己种植；同时，由于当地土地资源有限，大都距离住处较远，所以蔬菜的种植大都在自家的院中和周围，有条件的在村落边的自留地上种植，种类十分单

---

[10] 当地居民认为读书好的就是聪明，也大多以聪明和"记性"（记忆力）来评价别人。

一。当地居民大都会种植萝卜、白菜，在夏、秋，蔬菜品种较多，到了冬天就只能吃储备的白萝卜和白菜。当地居民都非常偏爱白萝卜，每家每户都种植许多，一是萝卜相对容易储存，只需埋在地中即可；二是与饮食习惯有关，可以和大肉一起做出萝卜菜，而萝卜秧还可以腌制做成"黄菜"（即酸菜），成为面条的必搭菜。这一习俗在当地非常普遍，一些现在移居外地的人，还会托家乡的人带黄菜过去。

春节时，待客也是以萝卜菜为主，这令不少外地的客人有些不太适应。一个外地的女婿向笔者抱怨当地人的待客之道，认为"太不讲究了"，即使去客人，也就是炖菜（萝卜菜）。特别是，每年的正月初二去老丈人家，就是"舀两碗菜，说吃吧。真是'拿县长不当干部'"。

有趣的是，这些年随着当地居民经济条件的改善，他们的饮食习惯却没有太大改变，吃的样式仍然比较单一。因为自己家里种的菜只有那几种，菜成熟的时候很长一段时间都只吃那几种；自己家菜少的时候，就少吃菜，或吃自家的腌菜，而不会经常花钱到镇上花钱购买蔬菜。笔者的岳父就非常喜欢喝糊涂面条，认为这比炒菜什么的要好多了，他经常说，这里的人吃的都一样，再有钱也是吃这个。对于他们来讲，吃的差不多就好，不愿花过多的精力和金钱在这方面。

与不重饮食的习惯不同，当地人普遍比较注重穿着，他们认为俗话说"穿衣吃饭"，先穿衣后吃饭，更愿意把钱化在着装上。

当地人最大的开支是用于修建房屋。这些年当地农村经济有了较快发展，很多农民通过进城打工等方式攒了一部分钱，纷纷在自家宅基地上盖起来楼房。也有很多村民都表示，说自己家原来的瓦房或平房住起来还是蛮舒服的，只是不如现在房子的样式好看，所以都忍痛推倒旧的，盖起新的来。其实，有很多村民盖房子的钱都是辛辛苦苦、省吃俭用大半辈子积攒下来的，也有很多是需要转借亲戚朋友的钱才能盖得起房子的。

当地居民不注重饮食，但注重穿衣和住房。对他们来说，房子盖得好、衣服穿得好，别人都看得到，才"排场"。由此可见，面子在当地居民观念中的重要程度。

2. 重功名

1）重教育的功利性动机

作为山区的 C 镇，主要以农业为主，大部分人都要从事非常繁重的农业劳动。尽管这些年有很多人走出大山，到外面的城市打工挣钱，但由于没有较高的文化水平和特殊技能，也只能从事最简单的机械操作，或在一些建筑工地里面做苦力。因此当地的大部分人都认为孩子要想有出息，只有好好学习，考上好大学，在城市得到一份安稳的工作这一条路。因此，当地人把读书的重要性看得很重，并把读书看成是功成名就的最重要途径[11]。

在当地，家长教育孩子时会给孩子讲一些模范人物，主要就是当地考上大学，现在有成就的人。其中，章 JG 的事迹基本已成为标准教材在当地广为流传。笔者在 HB 村时，也有不少居民对笔者谈论起。章 JG 是 C 镇 SD 村人，现是一所知名大学的博导。当地人都知道，他小时候上学时，学校离家比较远，每次回家吃饭时，为了节省时间，回到家后会盛好两碗饭，一碗在家里吃，另一碗端着在路上吃，吃完了把碗放在路边的草丛里，回家的时候再捎回去。在学校里，他同样也是最努力、最聪明的学生，他经常在课堂上指出老师讲错的地方，老师也经常让他代替自己给同学们讲课。现在，身为知名高校博导的章 JG，同样能给自己家人带来很多帮助。比如说他父亲得病时，把父亲接到北京，花了当地人眼里的天文数字治好了父亲的病。另外，他的几个兄弟也在他的帮助下，过上了富裕的生活。在当地居民看来，章 JG 通过努力求学，过上大家羡慕的生活的事例，充分证明了山里孩子完全可以通过自身努力学习，过上城里人的富裕生活。这就是成功，而章 JG 就是成功的典范。所以，当地很多家长都以此来激励自己孩子努力学习，成为成功的人。上面谈及的吕 YJ 少将，也是当地家人谈及的典例之一。谈起他，当地居民还说，吕少将每年回来都会给村里面上学的孩子每人一百块钱，而他自己却只是穿十几元钱买来的衣服。

在当地这种注重求学风气的影响下，有很多学子都在求学路上奋力前行。在 HB 村 T 岗王 YJ 一波三折的求学之路，被当地老乡认为是坚持才能成功的楷模。他曾经参加过三次高考，第一次是由于考试时身体不适，监考老师为他端来了水让他吃药，结果不小心把水洒在了卷子上，因此失去了第一次上大学的机会；第二次是高考之前，在把自家粮食往学校食堂搬运以换取粮票的时候，掉到深沟里面，导致双腿骨折，这样又失去了第二次高考的能力。尽管如此，他那原本十分贫瘠的家庭还是支持他复习参加第三次高考，

---

11 曾经是唯一的途径，但随着物质社会的发展，当地人又加入金钱上的评价。这一点在下一部分内容会谈到。

终于在第三年金榜题名，考上大学。大学毕业后，一直在山东工作。

由于条件所限，求学成为当地居民改变人生命运的重要途径，同时也使得受教育的动机太过于功利性，即过多注重教育所带来的成功，而非教育本身。

2）功名上的评价与求学现状

在当地，走出去的当地学子大都从事公职，在当地人看来这种"吃公粮"的工作是非常令人羡慕的。小魏今年二十七八，在当地属于大龄的男青年，相亲好多次他都不满意。他父亲在县城开影楼，家境殷实。他从初中辍学就一直跟着父母做影楼的生意。但在2011年夏天的时候，他决定托关系到县交警队去做临时工，一个月才六百元。笔者问他为何这么做时，他却说，"说出去好听"，到时好找对象。

现在，有很多家住山区的孩子，他们从上幼儿园开始就要到离家几十里的地方上学，而且好多学校没有食堂也没有宿舍，因此孩子们需要在学校附近租住民房。这些孩子的父母都在大山里面，每天都有很多事情要做。因此，有的母亲会舍弃家中的事情陪着孩子，给孩子在出租房里做饭，照顾孩子的饮食起居。而有的家庭只有一个家长，或者是实在走不开，就只能由年幼的孩子独自在外求学。这些孩子要自己应对全部的日常生活，十分辛苦。

如此强烈的求学动机，使得当地学生，特别是高中生的压力非常大。相比较章JG这一楷模学生时代的努力，当地人真正在意的是他现在所取得的成就，以及他给家人带来的实惠。可以说，如果他没有取得功名，那么他的努力不仅会被遗忘，更可能成为一种笑谈。2011年高考过后，HB村有家孩子小鹏再一次落榜。小鹏高考已有六年，尽管很是努力，但一直没能成功。而且，小鹏家的经济并不好，父亲挣不来钱，母亲靠在斛叶场打零工挣点钱。但小鹏仍坚持想考上大学，要求再复读一年，考上大学。此事在村里看来，说明他不够聪明，"人的脑子努力到一定程度就到尽头了"。还有人说，他家的祖坟不冒青烟，就这个命了。此外，甚至有人还举出例子来说明小鹏的"不聪明"："那年春节他家卖肉，他舅去他家买肉，看他家可怜，给的钱多了一点，他硬是不要，把钱算清楚，把剩下的钱给他舅。你说他有多不会办事！"

3）变化：从功名到金钱衡量

随着这些年大学扩招、不包分配等一系列变化，当地很多大学生毕业后找不到很好的工作，一些人初中没毕业却能在城市里打工挣不少的钱，这也让当地民众对于通过上学找出路的信心减少了。同时，由于这些年社会的大环境从原来人们以自己是公家人为荣，变成了以有钱为荣，当地人也从原来单纯对于功名的追求变成了对于利益的追求。总之，无论以何种手段，只要能挣到钱就好。

当地居民都对赵 SY 家的儿子羡慕不已：博士后，每月工资上万。但赵 SY 却说，相比较其他几个经商的子女，他这个身为博士后的儿子是收入最少的。并感叹道："说来说去都得经商，经商的人才能挣钱"。

HB 村王婶在谈到小鹏时，认为他的坚持"差窍（傻）成啥"。她说到："上学也是图挣钱，图个生活"。"你就当是出来考个公务员，村官也是公务员，镇长也是公务员，就是当个镇长工资该有多高啊？"而且，她还认为，有钱就有关系，有钱有关系什么事都好办，如果小鹏家有钱有关系，也能让小鹏上大学："今年有一个机会，考的第三名。人家只要三个学生，谁知到他（小鹏）既没钱又没面，人家第五名又把他挤"。王婶仅从金钱衡量的角度，就连管辖的他们镇长也看不到眼里，说明当地人在对待名与利的态度上，已经有较大转变。

现在，当地居民已不再完全以上学的好坏来评价，他们对成功的评价标准已不再是单纯的功名，而是结合金钱上的考虑：从原来以自己是公家人为荣，变成了以有钱为荣；从原来单纯对功名的追求，变成了只追求利益。现在即便这个人上学很好，或在政府部门工作，但是收入不多，大家也不羡慕；相反，不管受教育程度如何，只要这个人挣钱多，大家都会对他刮目相看。能挣到钱就是大家的追求目标。在 2011 年国庆时，一个被当地居民视为在深圳"混黑社会"的华子开车回家旅游，被不少人评价为"有本事"、"能挣钱"。

虽然从表面看，从重功名倾向于重物质，但对物质的重视一直就很重要。在过去，功名是确保自己物质利益的最有效途径，因而形成当地只重功名的初始出发点，所谓的名声和面子也是建立在这个基础之上的。也就是说，变化的只是实现的途径，不变的是利益。在 2000 年时，镇上一家从事粮油生意的老康要为自己的女儿找个婆家。女儿非常漂亮，当时来提亲的人络绎不绝，其中就包括当地最有钱的一家。但他父亲却最后同意在镇林业局开车的公职人员。他认为，做再大的生意，说赔就赔了，公家的饭是铁饭碗，能管一辈子，"细水长流"。总之，这种变化反映的实质一样，即追求自己的最大利益，而衡量的标准是与同时代的主流态度相吻合。

4）影响：村庄日益呈现阶梯状的空心化

出于对孩子教育、结婚、交通便利、未来发展等因素的考虑，居住在山里的村民大都准备迁往街道附近。近两年随着当地政府政策的鼓励和收入的增长，在镇区及附近村庄建房、购房成风。同时，随着外出工作和定居的人越来越多，一些临近镇区的村里开始出现老人化和空心化。如 HB 村 T 岗村民的子女大都考上大学在外定居，很多房子都是只有老人在家留守，或者无人居住。

当地居民的迁移多是两种情况：一是从深山迁往街道附近，二是从当地（包括街道附近和深山区）直接迁移到城市。但由于受到传统意识的影响，在当地人看来，祖房是不能轻易出售的。这使得像 HB 村 T 岗这样的临近镇区的村庄，也出现严重的空心化现象；而与此同时，T 岗周围特别是临近去往镇区的道路旁边的很多土地，都被从深山搬出来的居民购买用于兴建住房。

3. 重子嗣

当地对子嗣非常重视。从 C 镇实行计划生育到现在，即便是超生，也会要儿子，甚至有的连"铁饭碗"也不要，就为生儿子。

究其原因：一为养老。在当地人看来，女儿嫁出去之后就是一门亲戚，"嫁出去的闺女泼出去的水"，就是人家的人了，而儿子则要负担对父母的赡养。如果只有女儿，父母则要招一个女婿上门。如果一个家庭里面是两个儿子，在至少保留一个养老的基础上，是允许其他的儿子成为别人家的上门女婿，并不觉得有什么丢脸的。因为，当地不少地方为山区，人烟稀少，大多地方经济收入非常有限，所以当地女子大都会嫁到镇区、临近公路街道和旅游区这些比较富裕的地方，这造成当地不少男子"找不到媳妇"。也可能是这种资源的紧缺，使得当地女性的地位要比临近地区的高。当地较为普遍的现象是，"男人在外打工，女人在家打牌"。而入赘，在临近地区却是一个让人看不起的做法，被认为"把自己的祖宗都丢了"。

二是，传宗接代。有儿子则意味着"自己这一支没断"，没有儿子就是再有钱也会被人看不起，甚至还会被人欺负。有时候，儿子也成为证明自己品德的一个证据。有一对亲弟兄，关系一直都很不好。弟弟个性非常要强，什么都要做的比别人特别是哥哥家强。而且，他对自己的父母并不十分孝敬。有同族的长辈就此事批评他，他很不忿，说"我没良心，还能生俩个儿子"，以此表明自己的孝心。

当地这种重视儿子的观念至今也没有大的改变，现在 C 镇医院的大门口还悬挂着"禁止婴儿性别鉴定，杜绝非医学需要人工终止妊娠"的标语。实际上，从当地有了 B 超技术一直到前些年，基本上每个孕妇都会用这种医学手段来检测胎儿性别，甚至以此决定胎儿的去留。镇上一个五金店的老板娘回忆说，当年她生的第一胎是女孩，丈夫当场一句话都没说。怀第二胎时去医院做 B 超检查，当医生说怀的是女孩时，丈夫立刻不顾身怀六甲的她，独自离去。但当孩子生出来后，产婆告诉他是个儿子时，他立即下跪感谢上天，而且在自家门口放了一场电影，表示庆祝。

图 3-5　C 镇医院反对胎儿性别鉴定的横幅（摄影时间 2011-10）

在实际生活中，家庭中的男人必须要参与家中重要的事情。比如 HB 村 T 岗组有两家居民因为宅基地问题引发矛盾。最后，其中一家的男主人决定作出让步，但要等到两家都正在上大学的儿子放假以后，当着两家儿子的面解决问题，也就是要让自己儿子清楚两家的争端，更要让对方儿子知道是自己家作出的让步。值得一提的是，这两家其实都有女儿，但她们在这件事上始终没有被要求参与其中。

由以上事例，充分说明当地重儿子的风俗是普遍的，也是根深蒂固的。究其原因，最主要的应该与中国农村几千年的生活方式有关，即以繁重的农业劳动为主。那么，在这种情况下，儿子就显然比女儿有优势。同时，在农村地区，当家庭面临外部侵犯的时候，男人将会是家庭最好的保护者。所以，那里的人们更愿意生男孩来增加家庭的劳动力和捍卫自己的利益。

4. 家族观念

S 县地区家族的观念很强，突出表现在当地人对族谱的编修上。据《S 县县志》记载，该县共有 378 个姓氏。除极少数是原居民外，绝大部分都为外来者。据记载，元末战乱，自然灾害频繁，使得中原人口锐减，田地荒芜，而山西则"地狭人稠生计难"。明代，官府大规模从山西向河南（包括 S 县）移民垦荒复耕。清代又大量从山西向河南移民。S 县民间久有"洪洞县大槐树下迁来"的传闻，许多姓氏族谱也都明文记载。C 镇前湾宋氏家谱记载，明初宋东山（举人）带 5 个儿子由山西永济县上路村迁豫。为纪念山西祖籍，宋东山为五个儿子改名，名字中间的字为"西"，最后一个字为迁移地名。自上世纪 90 年，族谱编修风行，S 县大多姓氏都修族谱，以记载着姓氏来源和发展变化情况。一般由同族中有文化的老人筹办，到各地同族中专访、记录资料，然后整理印刷，费用由各家集资或在外人员捐资。新修族谱都把妻子、女儿记载其中。全 2000 年，人口比较集中的大姓都修印有族谱。

C 镇情况与其相同。以 C 镇 HB 村 T 岗为例，这个组分东、西两队，其中东队主要是王姓家族的人，西队主要是贺姓家族的人，两个家族都修有家谱。从两个家族的家谱看，有一些共同之处：（1）两家家谱显示，他们都是从外地迁移过来的。最初都只有一个家庭，后来发展成了一个大家族。（2）从捐资人来看，都是自己家族中现在经济条件和社会成就较高的人。他们修建家谱的目的，除了使本家族的人能够了解整个家族的历史和现在，很重要的一点就是为了给自己树碑立传，这一点从家谱中对修谱人单独的大篇幅介绍可以看出来。（3）两家的家谱都没有按照传统只记男性的原则来写，而是受现代社会男女平等思想的影响，将所有的女性族人也列入其中。

对贺姓、王姓的基督徒来说，他们也是欢迎族谱的重新撰写。但他们多是依据《圣经》内容，认为旧约中记载亚当以下各代的名字，与族谱一样。总之，族谱的修订加强了当地居民的家族观念，进而促进了人们对祖宗崇拜和其他传统习俗的追求，使之保留并形成一种社会压力。

三、历史记忆

1. 历史记忆与传说

C 镇历史悠久，尽管随着社会变迁，历史的记忆并不详实，但在地名、历史人物传说和传统表演中得以体现出来。

1）地 名

太和山和太和城。太和山位于 C 镇南，现在俗称摘星楼。得名于汉魏时期，与道教有关。当地人大多只知道摘星楼，却不知其原名是太和山。太和山附近的太和城，是现在 C 镇所在地。现在 C 镇街在当地人的称呼中，可以分为东城、西城和中城。但是大部分人只知道是这么叫，却不知道怎么写，更不知道是什么意思。

顺汝河而下，有一个官亭村。对于"官亭"这个地名，当地大多人都能说出其历史根源。清朝时守备衙门设在 SD 村。因经常会有上级官员前来，守备衙门便在其通往县城和州府的必经之地建一"接官亭"，作为迎接和送别莅临上级官员的处所，寓有"送君十里长亭"之意，以彰显其热情好客和谦恭之情。

SD 村守备衙门。当地人对于清朝时在 SD 村所设的守备署，大都比较熟悉，称其为 SD 村守备衙门。该衙门存在时间较长：从乾隆七年到宣统三年，有一百七十年之久，所以这段历史在当地人的记忆中也较为深刻。当地很多人都知道，现在的镇二中就是守备衙门的原址，而且当地至今还流产有许多关于当时官员公正廉明、敢于惩恶扶善、伸张正义的故事。

除了前面提到的"GT 村"，还有一些由 SD 村守备衙门产生的地名。比如"校场沟"，它位于衙门北边的山沟，由于地势平坦，为当时衙门兵丁练兵比武之地，故得其名。还有"养廉沟"，当地人传说曾经有位守备衙门的邱大人，每半年就要到这里访贫问苦一次，为百姓排忧解难，为群众所敬仰。随后的每任官员都效仿邱大人，把这里当成了沟通百姓、拒腐倡廉的基地，故后人称此地为"养廉沟"。

2）历史人物传说

C 镇历史上出现过很多的历史人物，尽管很多的事迹都不十分详细，但一些依旧在当地百姓的口中流传，为当地代代相传的"说瞎话"提供了丰富的素材。

关于刘秀。C 镇传说西汉末年，刘秀起兵讨伐王莽，因寡不敌众，被王莽穷追猛打，逃亡中途经 C 镇。所以，在当地留下了许多有关刘秀的传说和印记。有因刘秀登高望乡得名的"望乡台"、"望石沟"；因刘秀在此明白正确行军路线得名的"明白川"、"明白河"；因刘秀喝米粥后向南跪天感恩而得名的"黄柏"（"皇拜"的谐音）；因刘秀跪拜过的石头而得名的"跪拜石"（当地

现简称 "拜石"）；因刘秀休息过夜的石庵得名的 "刘秀庵"；因刘秀垒石成灶得名的 "支锅石沟"；因刘秀洗澡而得名的潭取名为 "龙潭"；因刘秀安营扎寨休整得名的 "安寨"。

张良。当地传说汉代张良辅佐刘邦取得天下之后，深谙 "敌国破，良臣亡" 的道理，所以归隐山林，选择的地点就是现在 C 镇的白云山。现白云山上建有一座留侯祠，以纪念张良。

土匪。"土匪" 在当地也叫作 "刀客"，很多人都能讲述出有关民国期间，父辈们多次遭受来自 "刀客" 侵扰的事件：当时那些外来 "刀客" 在 C 镇烧杀抢掠，无恶不作，给百姓造成巨大损失。还有一些本地的小 "刀客"，主要以抢东西、抢姑娘为主。"刀客" 的行径在现在还留有许多印记，比如现在还有一些老年人能回忆说，当年哪里来的 "刀客" 从村里抢走了谁家的闺女，然后现在谁家媳妇是自己寨里的人从哪里抢回来的。另外，由于当地人对令人闻风丧胆的残暴 "刀客" 印象极深，所以一直到现在，大人们为了喝止小孩哭闹，就会采取吓唬的手段，说："哭吧，刀客来了"。小孩一听此话，便乖乖不再吱声。如果某个孩子过于捣乱，爱搞破坏，大人就会说这个孩子 "跟刀客一样"。

3）传统舞蹈

C 镇作为 S 县最为偏远的乡镇，却是除县城以外全县民间舞蹈的唯一中心。据 1985 年 6 月普查统计（县文化志），全县共有舞种 25 个，舞队 102 个，仅 C 镇就有 16 个舞种，36 个舞队，分别占全县总数的 64% 和 35% 左右，远远超过 C 镇人口在全县 10% 左右的比例。

C 镇地区的民间舞蹈以古代舞蹈为主，其中历史最久、技艺最精、影响最大者为 SD 村的高装和背装、GT 村的舞狮。SD 村的高装是明末清初由南召传来，已有三百余年的历史。对于当地居民来说，每逢元宵节到 SD 村看精彩的背装、高装表演已经成为了他们的一种习惯。GT 村的舞狮起源于清朝嘉庆年间，至今也有二百年的历史了，现在每到春节，这种表演还在继续上演。

为何 SD 村和 GT 村会产生这些在当地流传甚久且影响较大的艺术形式呢？也许与他们各自在历史中曾经扮演的重要角色有关：SD 村从清乾隆 7 年（1742 年）到清末，一直是守备署所在地，管辖 S 县和洛宁两县。这段历史至今在 SD 村和 GT 村留下了深刻的烙印，如校场沟、养廉沟等。也许正因为SD 村曾经是地区中心的身份，所以当地具有代表性和影响力的高装和背装才会在这里流传，也会在这里表演。

2. 记忆中的毛主席

　　C镇很多居民都表示对毛泽东时期比较怀念，他们认为虽然现在的收入多了，但社会风气却变坏了。2011年的暑假，笔者在去县城的汽车上遇到一起偷窃事件。那天车上人不多，一位年轻的母亲带着儿子在中途上车，小偷也随着上车，坐在其后的座位上。在途中，母亲看到儿子跑到前面玩耍，害怕儿子摔倒而急忙去拉。小偷看到后，就伸手去拿那位母亲遗留在座位上的提包。幸而年轻的母亲看到这一情况，立刻喝止，小偷下车仓惶而逃。当时在车上还有几个中年妇人，问怎么回事，得知情况后说早知道如此就抓住那个小偷，自己坐车还没遇到过小偷。女子听到，说那些小偷都是惯犯，就是抓住关几天就放了，甚至有些和公安局、派出所有关系，只是走个过场，起不到效果。愤慨之余，那些中年妇女谈到毛泽东时期可不是这样，抓到就枪毙，当时路不拾遗，没见什么小偷小摸，人们觉悟高，社会治安好。现在尽管经济发展了，人们生活的比以前好，但治安还不如以前。对那些作奸犯科的人就应该抓住就杀，这样就好了。在镇区最大的金源量贩中，进门就是一尊大的毛泽东塑像，底座上有"为人们服务"的标语，虽然显得与量贩的装修格格不入，但当地居民认为，这样能体现该量贩的诚信。

图3-6　当地金源量贩店中的毛主席塑像（摄影时间2011-4）

四、传统宗教与民间信仰的变迁

　　C镇有佛教、道教、基督教、伊斯兰教4种宗教，没有天主教。天主教在

S 县的发展非常有限，仅在县城老城区有一教堂，人数也不多。由于 C 镇的回民人数很少，伊斯兰在当地仅在 HB 村有清真寺，且宗教活动很少[12]。鉴于在下一章中本文将详细介绍，此处将重点涉及当地佛教和道教的发展及其特点。

1. 曾经的辉煌

1）佛　教

佛教在 C 镇曾十分兴盛，寺庙约占整个伏牛山寺庙总数的 45%。伏牛山有"七十二寺，八十二庵"之说，在唐代就形成规模。在当时，C 镇区就有三十多处寺院，庵堂庙观四十余座，可谓是一个悠久的佛教圣地，庙宇文化浓厚。

在历史上，C 镇曾有规格极高的皇家寺院（有碑文记载和传说）红椿寺、慈光寺、菩提寺，它们不仅规模宏伟，而且有僧兵，有严格的清规戒律。现在仍有大量的碑塔遗址，在一些遗址上还长着树龄均在一千三百年以上的银杏树。

在众寺庙中，除前文已介绍过的佛教圣地红椿寺外，知名度最高的要数牛庄村的"桃花庵"。桃花庵因修建在牛庄村的桃花崖而获名，建于唐贞观年间。按照当时法规，每家平民有二男者，必须得有一人为僧，有二女者，得有一女为尼，所以当地男女出家者较多。桃花庵近处有一股泉水，从龙池墁山地部流出，名为桃花泉。据说喝了此泉水，人可延年益寿，白发可变黑，到老亦无白发，牙齿永白不坏。桃花庵中的尼姑因饮用该泉水，个个体态丰盈，花容月貌，引得四方风流才子常以降香为名，到庵溜达，一饱眼福，因此曾生出不少风流韵事。元末明初问世的戏剧《桃花庵》据传即取材于此。《桃花庵》这出名戏被搬到台子上，更是家喻户晓，广为流传。庵中生子的尼姑陈妙善系本地姑娘，所以本地区禁演"桃花庵"的规矩世代相传，至今如是。桃花庵同伏牛山其它寺院一样，皆因明末战乱而被火焚。现在只有残存的砖塔和石塔，但从中仍能看出当年香火繁盛的场面。

2）道　教

道教在 C 镇地区的发展从唐朝开始，尤其是到明朝发展很快。当地单是供奉关羽的庙宇就有九座。其中，规模最大的属 C 镇街的关帝庙。解放后，C 镇的许多庙宇在破四旧时都遭到破坏，但自 2000 年以来，在当地兴起重建庙

---

12 S 县全境也只有伊斯兰教信徒 587 人，阿訇 2 名。

宇的热潮，不少之前被破坏的庙宇都得以重建。

2002 年，在 C 镇街村委的支持下，信奉者自发捐款在街北重建一个小型的关帝庙。庙中有规章制度和管理机构，现有庙主 3 人。每逢农历四月八日、九月十三的庙会，有不少人会前往烧香上供祀奉。每月的初一、十五也是当地信奉者烧香求愿的日子，到时山门开，规定烧香者从偏门进出[13]。GT 村的玉皇庙于 2003 年重建，并定于每年的农历二月初三、四为庙会时间。

图 3-7　C 镇区的关帝庙及 GT 村玉皇庙烧香现场（摄影时间 2011-3）

3）佛道合一的圣水寺

位于伏牛山北麓汝 HB 村的圣水寺，始建于明嘉靖四十一年（1562 年），万历四年（1576 年）二度重修。清雍正三年（1725 年），名僧徽明禅师莅临 S 县，住锡于此，再度兴办佛事。由信女陈氏多方筹集巨资，陆续兴工扩建了大雄宝殿、配殿、天王殿、转角楼、韦跃楼、广生大殿、山门及厢房，成为一进三宅，佛道合一的建筑群，住僧多人，香火四时不断。

圣水寺天王殿的一楼塑有身高丈余的四大天王像，二楼塑有关羽坐像。转角楼的一楼为正殿，塑有文殊、普显二菩萨巨像，以白象、青狮为坐骑，两边有十尊菩萨侍坐；二楼有曲栏回廊，二十四个阳台，内供千手千眼佛和十八罗汉群像，壁上有"二十四孝"等历史掌故、彩绘。在大雄宝殿的五间大殿之中，佛祖塑像巍然端坐，阿难长者拱手侍立，四面壁上有三千揭谛图。殿中有八根大柱支撑着四架彩梁，梁上金龙飞舞，玉凤呈祥。大殿东西两端，各建一小殿，东为太阳宫，西为太阴宫。殿前偏斜的左右两侧，东为瘟神殿，西为奶奶殿，上塑三位女像，旁立八位女神，她们的职责是掌管人家生儿育

---

13 据庙主介绍，正门为官员和有身份的人进出的。

女及妇幼保健。山门外还有龙王殿、牛王殿、火神殿、药王殿。正西有一座十二级石塔，内葬该寺第一代方丈的骨灰。每年的农历三月十八和十月初十，是圣水寺的古刹大会，而且一直延续到现在。

2. 从神圣走向世俗

除了上述的庙宇外，还有 TQG 村的火神庙，LSJ 村的文昌阁（有二通石碑），SD 村的城隍庙、祖师庙、白音堂、财神庙、姑姑庙、奶奶庙瘟神庙五虎庙，C 村的火神庙、二郎庙，XDG 的白松堂，LM 村的灵官庙，SM 村的奶奶庙。其它庙宇还有山神庙、全神庙、三官庙、泰山庙、土地庙。

C 镇境内大小庙、阁、堂不少于四十余处。若论香火繁盛之处，还属 SD 村的城隍庙。人们对城隍的虔诚，远远超过其他诸神，这表现在一直延续至今的对城隍的祭祀活动上。一年中在城隍庙的大祭祀有四次，为农历三月初三、六月初一、十月初一、十二月初一，届时三间大殿被善男信女们挤得水泄不通，好多人只好跪在殿外焚香叩头。现在，这里的祭祀活动在当地也起到了物资交流会的作用。很多商贩都会趁着这个人群聚集的机会，摆摊叫卖自己的产品。因此现在"赶会"一词在当地人的理解中，已经不仅仅是去参加庙会、烧香拜佛，更多是去看戏、去感受热闹场面，去会上买东西的意思。

C 镇的火神庙规模最大的要数 C 镇村的火神庙，建于唐贞观年间，据北魏所建的太和城一华里。每年农历正月十九都会举办大型火神庙庙会，在庙会期间，由于前来的人非常多，就有人开始摆起地摊，做起小生意。自"破四旧"以来，已无崇拜活动，但每年此事当地居民都会前往购买所需物资。特别是在商品还不是很充足的年代，逐渐演变过来成了物资交流大会。交流的物资之前有农具，现在多为服装、玩具等。在当地多数居民的记忆中，火神庙庙会就是一个物资交流大会，这个庙会成了大家选购商品的重要时机。

每年四月初八的庙会在 C 镇附近轮流举办。即时，庙内外人山人海，小吃、百货应有尽有。不仅附近的居民，而且临近的县市，如鲁山、栾川等地都有人前来购物。其中，不少人都会提前购买夏季的衣服。四月初八的庙会，据说已有四百多年的历史。尽管当地人都知道也参加每年四月初八的庙会，但极少有人知道庙会的来历。负责《厚重 C 镇》宗教部分编写的郭 DZ 就说，之前他也不知道四月初八庙会的来历，在筹办《厚重 C 镇》时，镇政府组织他们去杭州寺庙参观学习，才知道四月初八是佛诞节，为纪念释迦牟尼的诞生而设立的。

图 3-8　C 镇火神庙冬季物资交流大会掠影（摄影时间 2011-1）

（图片来源：取自 C 镇网）

3. 民间信仰

当地居民对风水非常重视，无论是建房、坟地，都会请风水先生（当地人称之为"阴阳仙"）前来"看风水"。2011 年暑假，HB 村王 K 家的双胞胎儿子分别考上了清华和北大，令很多村民羡慕不已。在居民们看来，这是因为王 K 家祖坟埋的好，所以后代上学好。他们还提到王 K 父亲还活着的时候，曾有风水先生说王 K 家祖坟那块地是双鲫鱼地，即后代会同时出来两个当官的。现在王 K 家由于出了这对双胞胎，觉得现在"可以了"[14]，可以写碑立传了，准备将祖坟所在的庄稼地买下，把双胞胎的事情刻在墓碑上。

此外，神婆在当地具有一定的影响。HB 村一个叫王 GN 的神婆，靠给别人看风水、看运势、取名字，收取别人红包（当地人称为"封分"）为生。邻村的王婶称每天在自家门口都会有很多人向她打听去王 GN 家的路，包括本地和附近县市都有卅车过来的人。这让王婶颇为羡慕，"人家现在生意好得很啊！"

---

14 当地语，意思为家境富裕，过得很好。

第四章 地方教会的历史与现状

第一节 地方教会的发展阶段

总的来看，C 镇和 S 县基督教会的发展可以分为三个发展阶段：启蒙期（解放前）、滞缓期（1949－1980 年）、发展期（1980 年至现在）。

鉴于 C 镇基督教的发展离不开 S 县教会发展的大背景，特别是在宗教信仰自由政策落实后，C 镇基督教出现的特点与县两会的管理密切关联，因此，本文在介绍时[1]，对 S 县的基督教发展情况也作了回顾。

一、启蒙期

1. S 县基督教的传入和早期的教会

1917 年，瑞典基督教安牧师让市基督教瑞华内地会委托一名执事来 S 县传教，散发"四大福音"（《马太福音》、《马可福音》、《约翰福音》、《路加福音》）的单行本和《使徒行传》的小册子。当时前来听道的人很少，影响不大。

次年，市基督教瑞华内地会又委派从山西洪洞县道学院刚毕业的侯姓长老来 S 县传道。同时，市老会出钱购置了县城西大街南三间市房和四间厦房[2]，由侯氏夫妇宣讲《圣经》。随后，当地教徒发展到了数十人，将三间市房改为礼拜堂点。当时驻防 S 县的旧军人在陕西作战时受到教会的影响，归 S 县后

1　S 县基督教的有关情况介绍出自 S 县地方志编撰委员会编辑出版的《S 县志》与 S 县基督教两会编辑的内部资料《S 县基督教会志》。

2　坐北朝南的房子被称为"主房"，而厦房就是坐东朝西或者坐西朝东，有的地方也叫"厢房"或者"耳房"，主房，厦房加上院门就形成了一个四方形。

就常到教会，这段时间信徒发展较快。

1920 年，S 县遭遇严重干旱，五谷不收。河南省华洋义赈会派瑞典籍贺牧师、毕牧师来 S 县与候长老共同商定赈会事宜，联合当地政府和社会绅士共同赈济，在屈家祠堂、火神庙、关帝庙、孤魂潭设立粥场，济民饥馑。登记在册的饥民凭已发的竹筒依次领饭，同时每人还发两块银元，信徒人数于是日益增多，随后教会把原教堂与二道街宋家宅院进行对换。

1929 年，教会新建六间三丈瓦房，1935 年再建教堂 17 间，医院 1 所。1944 年，日军攻陷 S 县，候长老到西安避难。光复以后，新选潘姓长老和高姓长老，恢复宗教活动。

2. C 镇基督教的传入和早期活动

尽管当地三自教会教务组认定解放前 C 镇并无基督教会，《S 县基督教会志》中也无记载。但在对一些老年人访谈时，他们都提及幼年时镇区有"福音堂"。特别是一位九十多岁的信徒告诉笔者，她小的时候经常到镇上的福音堂玩，当时聚会的人不多，至今记忆深刻的是福音堂上耶稣被钉于十字架的雕塑过于逼真和血腥，回想起来心理直发怵，"还好现在都不弄这些了"。据回忆，1932 年前后，C 镇 GT 村的张姓弟兄在外地成为教徒，回 C 镇后传播福音，但参加者寥寥无几。其后，C 镇南后街有三间曾为电话局的公房作为福音堂，但只是进行简单的礼拜活动，没有神职人员。与其一山之隔的 J 镇，当时基督教却很兴盛。据当地人说，旧社会时 J 镇 X 营[3]有荷兰人所盖的福音堂，为两层阁楼，院子也很大，"很排场"。土改时分给贫下中农，十几户都可以住进去。"四清"时（约 1973 年），为筹集建造房屋的材料，当地一些居民扒掉了阁楼。

总的来看，无论是 C 镇，还是整个 S 县地区，基督教在解放前的发展并不兴盛。对于 1920 年 S 县信徒数量激增，这是因为当地受灾严重，信教大多为灾民谋生的一种手段。这一方面反映出教会在赈灾上的贡献，成为当地一些居民寻求帮助的途径；另一方面带来的反思是，改革开放后人们的生活水平不断提高，温饱问题已得到保障，地方基督徒先天带有的功利性是否仍有

---

[3] J 镇镇的中心区域迁移过两次：最初镇中心靠近徐营，当时为毛纺批发中心，据当地居民介绍，每到逢集（隔天，紧邻为闲集）都人满为患；解放后朝南移向桥北，即现在的老街；从九十年代起，随着镇东公路的建设，两侧建设众多商场，镇中心逐渐移走。

绝对性的影响。由于基督教在在解放前对 C 镇几乎没有什么影响[4]，地方传统习俗与文化传统保留相对较多，地方基督徒皈依前后的心理冲突相对来说更为突出。

二、滞缓期

1. 教会的"三自革新"

1950 年，当地基督徒响应全国基督教会的革新号召，摆脱外国"差会"和一切帝国主义影响，割断与河南省瑞华内地会豫西总会的联系，按照"自治、自养、自传"的方针，坚持爱国爱教荣神益人宗旨，成立 S 县基督教会，办理教务。

1957 年，经 S 县统战部李部长批准，在县城福音堂所在的朱弟兄家召开全县信徒代表会议，在讲述目前形势和任务之后，选出三名长老（付 ZT、朱 ZQ、杨 DZ）。同年 6 月，教会召开有 29 名信徒参加的"三目爱国运动委员会"首次会议，讨论制定了 S 县基督教"三自革新运动"的具体实施方案。

图 4-1　文革前 S 县乡镇教会执事、教务留影

（图片来源：《S 县基督教会志》）

2. 教会活动的中止

1958 年 4 月，S 县一中扩建操场，由当时 S 县一中的校长经手，将教会

4　这从当地三自教会教务组关于教会传入的看法中得到印证，他们认为，C 镇的教会发展比较晚，解放后才由临县传过来。

公墓迁葬到城关北元后坡荒地。同年，S县二道街福音堂32间房屋由县手工业局五金社占用。1966年开始的文化大革命中，宗教受到冲击，基督教界人士被视为"专政对象"赶出教堂。文革期间，宗教活动场所遭到砸封，有些被拆除或改作他用，教会财务被没收，档案被抢毁，《圣经》和其他基督教的文本刊物被焚烧，信徒受诬蔑，长老被批斗、游街拘禁、判刑入狱，教会活动中止达十几年之久，宗教活动基本停止。

这一时期基督教会遭受到严重冲击，特别在文革期间，教会的活动被中止，信徒被迫宣布脱教，表面看来基督教会处于发展的真空期。但在对一些老年基督徒访问后得知，当时还有一些信徒仍继续礼拜活动，但转向"地下"，白天不敢聚会，大都晚上在信徒家举行，聚会的地点每次都不同，参加的人数也很少。据他们所说，尽管当时很小心，但因为有些信徒的家人不信或迫于压力，很反对他们的聚会。甚至有些地方的聚会，被了解其时间地点的村民通知到村里，再由村里上报，由此被抓了不少人。此后，信徒们的私下聚会的次数逐渐减少，活动更隐蔽，他们选择深山中那些户与户之间距离很远的信徒家举行。

对于那些曾受到逼迫的"肢体"[5]，地方基督徒们都很是敬佩。在他们看来，逼迫是上帝对信徒信心的考验，只有经历过考验的才是真正的信徒[6]。在S县TH镇的一次调查中，一男执事告诉笔者，文革时他父母都是信徒。村的大队干部逼迫时，带人强制其父母前往大队。他母亲对其父亲说，"你不去，我去"。后来，"那些逼迫的人，都得到报应。他们到临死时都说，那是我逼迫你们，咋着咋着哩"。张TY是他们中的一人，得了病，生不如死。"他也知道咋着哩。到最后走的时候，把我给叫过去。他对我说，我给你跪这里。我对他说，你不是为我跪，你是为我爹（天父）跪，因为我爹在这里面。这个时候他认清楚了，认认罪，到时候罪就得赎，就能上天堂。到最后，这个逼

5　语出《《圣经》·格林多后书12章》，意指信徒如同一个身子，只是分属不同的肢体。于是教会肢体各司其职，有人是"嘴"擅表达，有人是"耳"擅倾听，有人是"脚"擅探访，有人是"眼"擅观察，有人是"手"勤做事，一同配合便成了完整的身子，所以只要是真正接受这个信仰的人就能互称"主内肢体"了。"因此以一个肢体受苦，全身就受苦"来教导大家彼此担当，同时也说明基督才是"头"，每一个肢体都接受"头"的指挥。总之，大家是一体的，而这样的关系，主要是从上帝而来，也因此有"主内"之称，表明大家在主里面是一家人。

6　有信徒认为只有经历过磨难才能成为真信徒，据此就有部分信徒认为唐崇荣牧师那样的信徒不能算是真信徒，而认同王明道牧师、袁志明牧师那样为主奉献、历经磨难的信徒。

迫的人也信了"。

S县HC乡基督教教务组刘HP组长在谈及时，说起那时候在信徒中流传的一个神迹：在MZJ乡，侯KH要用绳子捆S县两会的杨DZ牧师，结果"绳子都捆折三根，那很激烈、很激烈"。在侯KH去世前，专门派人请杨牧师过去，为当时的行为忏悔。刘HP组长感叹道，"这就是神的恩典啊"，并认为杨牧师"他们这代人，确实为了后来的福音受了逼迫，他们那时候确实受到逼迫"。

C镇对基督教的管制也很严格。三自教会前任教务组长钱GR是一位誓言要为信仰奉献一辈子的虔诚信徒。在文革期间，她被抓到当地派出所，她在当时的表现被当地信徒推崇至今。在谈及当时的情况时，她告诉笔者，"他们（派出所民警）拿着手枪就那伙劲往桌上拍哩，我也对着拍，他们说你这农村的妇女真不简单，嘿嘿嘿"。

三、发展期

1978年11届3中全会后，各项宗教政策得到恢复和落实，基督教活动开始恢复。1980年秋，S县统战部召开第一次各乡镇教会代表会议，贯彻落实宗教信仰自由政策。1982年，3月中央政府发布《关于我国社会主义时期宗教问题的基本观点和基本政策》，开始全面恢复宗教信仰自由。随后，经由河南省和地市宗教主管部门批准，由市里主教按立董JH、杨DZ为牧师。其后，S县统战部在宗教会议上宣布董JH、杨DZ二人为牧师，并任命5名传道员，董JH又当选为S县政协常委。7月，S县成立宗教事务局，各乡镇成立了"宗教管理小组"，先后在各乡镇开放三定活动点。9月，在S县全县范围内第一次对信徒名额和人数进行统计。统计结果，信徒数达1.3万人之多，城关教会当时信徒人数有600多人。1985年，在S县境内，除4个乡镇外，在其余12个乡镇都设有宗教点，各点均设教务组长和传教员。其中，城关教务组长更是当选为S县政协委员。

1986年4月，S县基督教两会筹备组成立，董JH、杨DZ两位牧师分别任正副组长。7月，S县已开放教会活动点12个，并分别成立了5-7人的教务组，主持各自乡镇的教会工作。冬天，S县进行了第二次信徒名额和人数的统计，统计结果却仅为1.18万多人，比1982年宗教信仰自由刚落实后的人数还少。经过文革的信徒都有着较强的信心，不会轻易放弃信仰，即便是一些老年信徒过世，但已经过4年时间的发展，特别是解禁后的基督教正处于快速的发展期，人数至少不会比1982年统计的人数少，1.18万信徒一定不符合实际情况。调查发现，当时由于一些信徒出于自保或维护信仰正统性的考虑，或者受异教分子的谣言影响，部分信徒拒绝报名统计，使这次统计的人数远远不足。其后，S县统战部、宗教局在党校召开各乡镇教会教务组成员会议，并布置教务工作。会后产生了S县基督教三自爱国运动委员会、协会筹备组，由董JH任组长，杨DZ任副组长、秘书1人、委员8人。

1989年春天，S县两会房产得到落实。为修建房舍，经教务工作会议研究通过，设立财务会计、出纳和保管。自此，S县两会正式建立三自账目，财务管理工作开始走上正规。5月8日，S县两会筹备组配合修建组，调动全县各乡镇教会人力、物力、财力，进行了几个月的修建房舍事工，圣堂装饰、各办公室设施、住舍都安排妥当。9月，召开S县基督教第一届代表会，16个乡镇65名代表参加，选举产生S县基督教三自爱国运动委员会和S县基督教协会，董JH牧师为会长，杨DZ牧师为副会长，常务委员11人，协会会员21人。S县基督教福音堂正式举行复堂礼拜。教堂总面积1130.45平方米。市、县宗教局和市两会派人参加。随后，S县基督教福音堂正式举行复堂礼拜。教堂总面积1130.45平方米。市、县宗教局和市两会派人参加。

1990年2月，S县基督教两会举办首届财务培训班。除5个乡镇因大雪封山，交通中断，没参加外，其余11个乡镇教会会计、出纳参加23名，乡镇教会账目开始走向规范化管理。4月，全县基督教会首次举行"受难节"与"复活节"的默祷崇拜仪式。6月，为了加强教务工作，S县两会给全县各乡镇教务组长、传道员以及两会工作人员共37人颁布了"多功能式的教务工作证"，从1990年7月1日起生效启用。S县福音堂堂务委员会成立，董JH任主任、副主任有2人。

1991年7月，S县宗教局联合S县基督教两会召开教务组扩大会议，要求在10月份之前做好"两证"（即工作证、传道证）、"三制度"（即教务、堂务、财务制度和实施宗教活动场所管理条例），发放、制定和实施条例工作，法律、安全、卫生制度张榜上墙，并接受信徒监督，努力办好教会。

目前，S县境内共有教堂19座，经批准的活动场所有41处，基督徒三万多人，分布全县16个乡镇，有牧师2人，长老2人。16个乡镇都成立有基督教教务组，各堂点均建立堂务、教务、财务等管理制度。

在文化程度上，当地基督徒受教育程度普遍较低，这从S县三自教会讲道员的文化程度中可以看出（见附录1）。就这些接受神学院培训信徒文化水平也存在水分，有一些初中缀学或没上过初中的学员在文登记时填写了初中。C 镇的情况更是如此，早年经济和教育条件很差，当地很多人都没有上过学或是只在小学上了短暂几年学，后来国家扫除文盲，这批人只是上了一段扫除文盲的补习班，但实际文化程度远不及初中毕业的要求。

据三自教会教务组李 ZJ 组长介绍，1982 年实行宗教信仰自由政策时，S 县统战部开会后决定让 C 镇教会开放，随后一段时间，当地信徒发展非常迅速。在 1982 年，C 镇教会更是争取到 9 个堂点，是 S 县诸乡镇中最多的一个。之后县里宗教政策开始收紧，新的聚会点很难获得审批，所以目前 C 镇聚会点还是县里各乡镇最多的一个。之所以当时能争取 9 个堂点，主要是因为 C 镇镇域面积最大，且处于深山区，聚会点少不便于偏僻处的信徒礼拜。

需要指出的是，当地基督徒绝大多数为老人，他们多数又是在宗教信仰自由政策落实初期皈依的。总的来看，八十年代是 C 镇和整个 S 县地区信徒增长最为迅速的时期，究其原因，一方面，是由于宗教政策环境宽松，人们的宗教情感得以释放，开始公开自己的宗教身份，原来比较隐蔽的宗教活动逐渐公开化；另一方面，相比较同时期佛教道和教的消退，基督教能在地方空白的基础上取得长足的发展，就必然与基督教本身的特点有关。对此，庄孔韶（2007：442）认为农民文化程度不高，对佛道民间信仰和基督教的理解都比较肤浅，农民对精神信仰的选择与宗教接触的方式和机缘有关，也取决于宗教活动的吸引力，而基督教的传道活动无疑是最主动的。

目前，C 镇基督徒和全国信徒的特征一样，呈现出明显的"三多"特征，即老人多，女性多和文化程度低的人多。具体来说，地方基督徒文化程度普遍很低，多为小学文化，只有部分的初中文化，高中文化程度只有十个左右；信徒年龄普遍较高，平均年龄为 50 多岁；基本上都是在家务农，收入不高。就 S 县整个地区来说，基督徒共有 5 万余人，家庭教会与三自教会信徒的比例约为 3:2[7]。三自教会信徒可查的有 980 多人，男女比例为 1：3。当地家庭教会和三自教会各自负责人都认为，C 镇家庭教会信徒的人数至少超过三自教会信徒，如李 ZJ 组长就认为，目前家庭教会的数量比较多。甚至还有人认为是其两到三倍，但有夸大之意，特别是近些年，家庭教会的发展很受限制，县里组织人员到各地监察。综合起来看，C 镇家庭教会信徒人数应该至少在 1200 人以上。

7　这一数据在相关文献上也提及：于建嵘（2010）在对家庭教会的研究中，提到河南省 S 县三自教会人数 2 万，但家庭教会 3 万人左右。

第二节　教会团体的分裂

自宗教信仰自由政策落实之后，C镇基督教会开始出现分裂，形成三自教会和家庭教会对持的局面。

一、家庭教会的形成和发展

基督教义主张"因信称义"，信徒凭借虔诚的信仰就能得救，不必拘泥于严格的行为仪式，减少了繁琐的仪式（戴燕，2009）。同时"因信称义"也弱化了教职人员的作用，根源于此，C镇家庭教会才得以迅速发展。

在设立宗教活动场所前，由于条件所限，当地礼拜活动基本都临时在信徒家庭举行。1958年教会被占用，S县信徒就曾转入家庭聚会形式进行礼拜。即便是在宗教信仰自由政策落实后，城关教会正式开放也是借用信徒的家庭进行礼拜活动。但自1950年开展了宗教"自治、自养、自传"的三自爱国运动，S县基督教在具体管理和指导上过于强调教会的政治功能，强调"爱国爱教，荣神益人"。一位三自教会的信徒就对笔者说，"家庭教会里的人说，先爱教，再爱国。咱们街上的是三自教会，我们三自教会每副对子（即对联）上的口号就是爱国爱教，荣神益人，爱国是第一位的。国家兴衰、匹夫有责。只有国家平安了，人们才有自由去信仰、去敬拜你的神。你要是国家成天打仗，人心惶惶，咋能去敬拜神。"并且，她引用《圣经》的事例来证明其观点，"《圣经·但以理书》说，当时国家受灾，但以理一天三次跪下为国家祷告，这说明信徒应该以国家为重"。

这种强调教会政治性的做法，使当地一些信徒一开始就不认可。为此，他们开始恢复传统的聚会方式来保持信仰的正统性和纯粹性。他们认为，解放前，这里都是家庭教会，文革时不让信了，从1982年起不信神的管理信神的，肯定管的不一样了：丁光训[8]不信，要求教会信徒听政府的话，受政府管理，其实只要有三个真信徒在一起诚心就叫教会，而这些管理者不信神，这不合乎《圣经》。

笔者通过介绍，拜访了当地家庭教会的组织者张GX弟兄。在谈及当时情况时，他就明确指出，家庭教会成立是因为当年吴耀宗[9]提出"三自"后，

8　丁光训，曾任中国基督教三自爱国运动委员会第三至五届主席（1980年—1997年）、第六至七届名誉主席和中国基督教协会第一至三届会长、第四至五届名誉会长，金陵协和神学院院长、名誉院长。

9　吴耀宗因其在信仰上属于社会福音派（现代派），被基要派基督徒（如王明道）讥

其中一部分信徒不赞成这种观点，因此就从教会分离出来，成立了家庭教会。此外，他特别强调，"三自论调认为人可以改造世界，能让人间变成天国，这可能吗？其实，这种福分只在天上，不在地上。"这种对三自运动有所排斥的情绪充分反映在，1984 年 S 县第二次信徒人数的统计结果仅为 1.18 万多人，比 1982 年第一次统计的还要少（1.3 万人）。

在当地家庭教会发展中，从临近县市，特别是方城有不少家庭教会的传道员前来传教。至今一些当地信徒依旧提起，而且与这些地方的家庭教会经常保持交通，经常有传道员来 C 镇证道。当时，不少地方还曾出现过家庭教会信徒到三自教会"拉羊"[10]，劝服信徒脱离三自教会，两教会间经常出现冲突。为此，三自教会的一些信徒上报政府有关部门，对此进行打击，还有个别信徒将家庭教会的信徒名单和聚会地点上报，进一步加剧了他们间的对立。两类教会出现对峙的局面，家庭教会信徒不再踏入三自教会拉拢信徒，也不再到其信徒家劝服；三自教会信徒则不再主动举报家庭教会，大有不相往来之势，形成一种非常微妙的局势。在镇区，曾有一对好姊妹住隔壁，关系一直很要好。她们在四十岁左右时一起到三自教会参加礼拜，皈依后又成为好的肢体。后来，妹妹加入家庭教会，两姊妹开始愈走愈远。每次谈起，姐姐都说，"她（妹妹）信着信着怎么信偏了，信到小教会去了，国家不允许"；而妹妹则认为，自己走的路是紧随主的意，是正确的，最终可以进入大国。

就家庭教会的存在问题，笔者求证过 S 县宗教局，工作人员都矢口否认，说在 S 县只有三自教会，没有其他形式的教会，但同时又暗示笔者，"有些情况我们也说不清楚，你最好去下面乡镇问问，比我们说要好"。与此相对，县两会的神职人员则坦然承认当地家庭教会的存在，并以可家庭教会信徒的人数要多于三自教会信徒的人数。鉴于当地两类教会的存在，本书对 C 镇基督教的考察包括三自教会和家庭教会。田野调查主要依托对其典型堂点的考察，三自教会主要为 C 镇镇区的三自教会堂点，家庭教会主要为位于 HB 村 T 岗一居民家的聚会点。

二、态度与分歧

1. 根本分歧

当地家庭教会的讲道人主要有三个：汤 HS、郭 HD 和张 HL，年龄都在

之为不信派。在 C 镇家庭教会信徒追随王明道的看法，多视之为不是真信徒。

10 信徒自称为主的羊，牧人的职责便是喂养其群羊，拉羊指分裂信众。

五十岁以上。他们对自己教会与三自教会间分歧的看法充分代表了当地家庭教会信徒在该问题上所持的态度：

报道人：汤 HS，男，60 岁，家庭教会讲道人，高中文化程度，信主 34
　　　　年11。报道时间：2011-2。

外国大部分是福音国家，中国近几年来勉强承认宗教信仰，因为这是没参加联合国的时候，联合国就说着这事情，中国如果不承认基督教的成立，不允许参加联合国。所以从那个时候，国家就允许宗教信仰自由，只是允许它是应付外国哩。在各地设立教堂，这个教堂就是说在国家指定地点，你允许在这个地方聚会，除了这个地方你私自聚会者都属于违法哩。所以，国家现在是限制地点、限制人数、限制年龄。他们规定是 18 岁以下的人不能信，18 岁以上的才允许信。但是耶稣传道的时候遇到一个小小的孩子，就说将来天国正是这样的人。所以说，《圣经》上没有说不叫小孩子信主。……（三自教会）设立教堂受着国家法律保护。在那聚会哩话，来啥运动不会造啥逼迫，没啥事。你要是在下私自聚会，你就是再不做啥恶事哩，他说你不听从国家法律哩，你不按指定点聚会，所以他就抓你、逼迫你，不叫你去信。但是底下在这小点聚会哩这是按耶稣传道那时候，正是符合耶稣传道的方式。《圣经》上耶稣在世传道的时候，你看，他虽然也上犹太耶路撒冷去聚会，也去讲道，但是是一回事。多半是在家庭里面、在海边、在船上、在山上，经常传道就是在这些场合，聚会就是这些场合，所以底下这家庭教会是主所喜悦的教会。因为神是充满天地哩，从哪敬拜神哩，马太福音 18 章那里说道，你们三人奉我的名聚会，我就在你们中间[12]。这是神给人设立一个敬拜神最方便的一种方式，你说世界上都去敬拜神，都去那些地方，有那多大岁数哩，有老弱病残哩去那伙地方去聚会哩，有些人就受不了这些事情，说去不动了就信不成神了。但是耶稣给咱"开了一条又新又活的路"[13]。意思就是说，两三个人，好

11　信主时间的计算年限为信主年代到报道时间，该计算能有效反映出报道人在报道时的皈依时间长短。因报道时间不同，同一报道人的信主时间也有所不同。

12　《圣经》原文为"因为无论在那里，有两三个人奉我的名聚会，那里就有我在他们中间。"（马太福音 18:20）

13　《圣经》原文为"我们既因耶稣的血，得以坦然进入至圣所，是藉着他给我们开

比今天咱们真些人吧，咱一祷告、一读经就是一个敬拜，这伙劲敬拜最方便了。

报道人：郭 HD，男，55 岁，家庭教会讲道人，高中文化程度，信主 25 年。报道时间：2011-2。

　　在这信仰活动方面（家庭和三自教会）有一点区别，咱完全依赖这独一无二、充满天地的神，三自跟咱不一样的是，他们自称他们路宽、门宽，不受逼迫，没有十字架，受政府保护。（十字架是指）他们在实际生活中不受逼迫的这个十字架没有，不论什么风浪来，人家有政府撑腰，有依靠。按《圣经》记载，咱这是家庭属灵小教会，路小门窄，受人藐视、排斥，有十字架，这个十字架多了。比如你去人家那聚会，人家说这是公家的没事，但要是来咱这家庭小教会，人家会说他们都是角落里的小教会，不公开、不正派，丈夫拦阻妻子不让去，妻子拦阻不让丈夫去，这都叫十字架。再一个，运动来了，人家说咱这属了迷信，里面有反动言论，这都叫十字架，因为你受逼迫了。耶稣说："你们要进窄门，因为引到灭亡，那门是宽的，路是大的，进去的人也多；引到永生，那门是窄的，路是小的，找到的人也少"。这是耶稣在世时传道时说的话，是对他的 12 个门徒说的，还说："你们将来要受逼迫，要有个思想准备，你们要谨慎"。这是《马太福音》第 7 章第 13、14 节主耶稣说的话。主耶稣还说了，"若有人愿意跟从我，就当舍己背起自己的十字架，天天来……"[14]，就是十字架天天都有。所以，你要说和他们的区别，别的没有啥，人家的有政府做主，一旦有风头，也真是不敢公开，躲躲闪闪的，就这一点区别，别的也没有啥。

报道人：张 HL，女，69 岁，家庭教会讲道人，小学文化程度，信主 26 年。报道时间：2011-3。

　　从古到今，教会都是两派。国家君主支持三自教会，不支持家庭教会。三自教会是公会；家庭教会是属灵的教会，下面逼迫、羞

了一条又新又活的路从幔子经过，这幔子就是他的身体"（希伯来书 10:19）

14 《圣经》原文为"若有人要跟从我，就当舍己，天天背起他的十字架来跟从我。"（路加福音 9:23）

辱。（所以）这（家庭教会）是得救的教会，那一个（三自教会）不得救。

两教会分歧的矛盾集中在三个方面：第一，聚会的方式，即是否只能在指定场所进行礼拜活动；第二，信教的年龄问题，即小孩子能否信主；第三，是否依附于政府。家庭教会信徒依据《圣经》内容和教会历史，主张历来教会都是分为两派的，他们称自己为"小教会"，而称三自为"大教会"，甚至有不少信徒将三自与曾迫害过耶稣的公教等同起来，认为它们是一样的。在这些信徒看来，虽然现在的三自教会也信仰耶稣，不同于当时公教只信仰耶和华，但他们都是依附于政府，其本质是一样的，因而不得救。

面对这样的指责，当地三自教会信徒反驳道，"只要真心聚会，神都住在你心里"，为证明三自教会在属灵上并无偏差，有三自教会信徒举例说，有一家庭教会信徒都去三自教会，回去后有人问他既然三自教会的路宽但不得救，为什么还会去三自的教会？这名信徒回答说，他去听了之后，觉得三自也没讲偏一点，只是提供一个聚会的场所，人家是自治自养，公家又不扶持一点钱。对于此事，举例的三自教会信徒再三保证这"都是真事"。

对于是否应该接受政府的管理，镇区教会堂点的高 LQ 组长认为，家庭教会强调"遵守上帝所说的每一句话"是每个信徒都认可的，但他们断章取义，钻牛角尖，不是真正的属灵，国家与政府鼓励信仰自由，并不干预信仰活动。她特别强调，有些事不仅要依靠上帝，还要依靠政府，如发生地震，如果仅靠那些小部分属灵派肯定是不够的，这就需要国家与政府的参与。

总的来看，两类教会分歧的根源在于，当地家庭教会信徒坚持因信称义、一切以《圣经》的话为依据，而三自教会信徒则主张在政府的管理下进行宗教活动，这导致当地家庭教会信徒认为自己在以《圣经》为准则和属灵生活上，具有优势。

2. 素 质

家庭教会与三自教会间的对立甚至还蔓延至日常的教会事务和信徒自身的素质上[15]。经营一家电器维修店铺的田 YH 姊妹说她不去大教会的原因在于三自教会的素质不高。在一年入冬早上，一个三自教会的老太太坐三轮车来

---

15 张耀杰在《基督教在中国的矮化变异》（2010-09-14）中提及，相比较其他富裕地区的腐败，S 县的三自教会特别是农村的传教堂点，教友之间就能够充满爱心地相互帮助。其观点只是整体比较而言，具体到当地信徒，也会出现腐败的现象。

维修电视机。开三轮车的师傅冻的瑟瑟发抖，车上有人说老太太没掏钱，师傅说她经常是有钱了给一块钱，没钱就不给了。对此事，那个师傅非常不满意，"像她信的主是啥，早上人家还没吃饭呢，她就催着走"。在谈论此事时，田YH姊妹就认为信主的人不仅给他人祝福，"感谢神，神祝福你"；而且还应该体谅他人，师傅开三轮要烧汽油，所以应该掏两块钱，要是真没有也可以掏一块钱，"你为了咱敬拜神嘛，这一块钱咱哪怕在其它地方省一点呢，人家掏两块咱也掏两块，咱为的是敬拜咱的神，神都看着呢，神肯定会给你这两块钱，因为你需要，没有这两块钱你到不了教会"。此外，田YH姊妹特别提到，有一次，三自教会的录音机坏了，拿来让她家修，本来维修费是二十块钱，但办事的三自教会信徒却要求虚假开五十块钱的发票，以便他自己能捞一点钱。

与此相对，一些三自教会信徒则认为家庭教会信徒的素质不高，他们说看到过家庭教会信徒骂人、做生意时缺斤少两。而在这一方面，家庭教会信徒认为自己教会做的要比三自教会的好："咱进这窄路小门里，要求比那里（三自教会）严，让咱以后说话不让带脏字，我觉得大教会的人说脏字比较多，像咱有时听到有人说脏字，会提醒他别再说话带把[16]。我成天也败坏，也自责，计神帮助慢慢就改了。而大教会，他们有时人太多，一定会要求不严，场合不严，人太多。不像咱小教会，有时去到那里头，有些话也不敢讲"。

同时，两类教会信徒也有认识到自己教会也有表现不好的。由于携带不方便，不少三自教会信徒都会把《圣经》、赞美诗放在教堂后墙的储物柜中，在参加礼拜时即可拿出。另外，教会也准备了一些公用的《圣经》，以备没有《圣经》或遗忘在家的信徒使用。丁Y姊妹之前在广州打工许多年，2010年因为要生小孩就没有外出打工，在生产之后决定在镇上打工，方便自己照顾孩子。在谈到自己前两年在广州打工时，丁姊妹认为在那里聚会是很方便的，每次都会有两个姊妹就把当天要讲的内容和学的歌都打印好了，你要是自己带的有就不用了，要是自己没带就可以上那里拿了去看，下次来的话再还回去。而C镇信徒们的思想还是不行，别人的《圣经》你借出去看了，之后不问你要，说不定还要带走。家庭教会的田YH姊妹在谈到三自教会信徒虚开发票时，也谈到自己给村里报账时也会虚报，但她并不认为自己和三自信徒虚报发票的性质一样，认为那是给神做工，是属灵的，而自己则是拿公家的，

---

16 指涉及性的脏话。

是属世的，自己不拿也会被别人挪用。

三、分歧加深：主日学被捕事件

家庭教会与三自教会间的对立，除了属灵上的分歧即家庭教会的正统性和三自教会的合法性、行为准则和《圣经》解读外，他们在信教年龄上也存在争议。三自教会和家庭教会的信徒都认为应该举办主日学（主要是周末家长到教堂礼拜时，由专人在教会中另选房间引导孩子们读经、唱赞美诗），但对举办主日学的缘由却有不同认识。家庭教会的信徒以《圣经》为依据，认为任何年龄的人都可以信上帝："《圣经》上说让小孩子到我这里，因为天国正是这样的人。神还特爱小孩子，神的荣耀也是这些人"。与此相对的是，三自教会信徒则多出于便利上的解释，他们认为教堂都有专门教小孩的地方，主要是为了大人去了以后，就把孩子放在那里，有人带着唱些歌，学习一些《圣经》故事等，以免在礼拜的时候小孩哭闹，影响到大人的听道和祷告。

2002 年暑假，当地家庭教会信徒组织暑期在家的小学生进行主日学活动。这种情况被当地主管单位知道后，以组织未成年人从事宗教活动为由，将在场信徒全部带走，用卡车将他们拉到县城并拘役到县城的监狱。被羁押的那些信徒中，家人拿钱的可以保释出来；家人不拿钱的关押半年；两个讲道者则被判处两年有期徒刑。郭 HM 姊妹是与会的信徒之一，据她讲，他们当时那么做是想效仿 S 县城区三自教会，让放暑假在家的孩子也能趁机多学习些基督教方面的知识。她说，县城教会有将小孩子集中在一起学《圣经》的，但 C 镇没有。而且，对于被拘押收监一事，她表示自己从没后悔过，因为主耶稣是最喜欢亲近小孩子的，所以她们的做法是正确的，这些磨难都是为主所做，是蒙神喜悦的就算是被关押到监狱之中，她依然心中充满喜乐，不停唱赞美诗。在她看来，"不信神才是最大的罪。每个人都贪心，地位到哪都贪，这是魔鬼的引诱，叫人不得自由，只要来信主，也能上天堂，罪无大小"。对于政府的处理方式，郭姊妹认为"其实政府是害怕有些人打着信教的旗号，传播邪教，搞破坏，但是我们这些真信的人是服从政府的"。

其后，在一次交通会，笔者遇到当初被判处两年徒刑讲道者的其中一人高 LM 姊妹，就此问题与她交流：

访问人：高 LM，女，49 岁，家庭教会信徒，高中文化程度，信主 25 年。

访问时间：2011-3。

高 LM（以下简称为高）：他们（三自教会信徒）说他们不是公会？

笔者（以下简称为徐）：是的。

高：他们是教政结合吧？

徐：不是，现代国家的趋势都为政教分离。

高：县城那里的教会一年还向政府交一万多块钱呢！

徐：他们为什么要交？

高：不知道这几年怎么样。我说的政教结合就是他们受政府法律管理，当《圣经》与法律冲突时，他们不以《圣经》为原则，而是服从国家法律。

徐：咱《圣经》上不是说在世的话要服从当权者。

高：那是另一方面，但是当与信仰有冲突时，要以《圣经》为原则。

徐：国家不是保护宗教信仰自由嘛。

高：咱国家只不过是一种允许。

徐：不少地方的政府对家庭教会并不怎么管理。

高：他怎么不管啊，要不咱这家庭聚会的人隔两天就要被抓去住监？

徐：这一点咱这确实不太好，但别的地方都没有这种情况。

高：那咱这就是非得让去三自教会，教会的人说不上他那里就是违法国家法律，他们还打电话给公安局的人来抓。

徐：是吗？

高：法律上说不允许十八岁以下的人信教，但这与《圣经》不一样，《圣经》上允许任何年龄的人信上帝，这就与《圣经》有冲突。另一方面，对于在家庭教会的人，他都以你为敌。俺这那一年暑假在教会组织孩子们学习《圣经》，就被抓去住监，我当时也在那，被抓去劳教了二年。最后从劳教所走的时候，他们还让写保证书，保证出去以后不再去家庭教会，要去三自教会。

徐：国家也没有明文规定这个要禁止家庭教会。

高：91 年还是 92 年县城教会开典礼会，第一天不是讲《圣

经》，而是请一下司法局、管宗教的领导讲国家的宗教政
策，还说基督教在中国只是暂时允许。

从上述对话，我们可以看出当地家庭教会信徒与三自教会间的对立，特
别是不满三自教会处于政府相关部门的管理和监督之下。被捕事件影响很大，
曾目睹的当地村民说，当时就像抓犯人一样，把男人的头剃的光光的，也不
知他们到底是怎么信的。此事更成为当地居民对家庭教会敬而远之，认为即
便是信主，也最好去街上的三自教会，那里政府是支持和保护的。持此观点
态度的主要是当地三自教会信徒和其他宗教徒，如关帝庙主就告诉笔者说，
"家庭教会不登记，这属于邪哩，不如街上教堂（三自教会）。街上教堂按照
国家的政策文件；家庭教会那都不中，非常小的娃子都叫受洗，影响太坏"。
更重要的是，此事使当地家庭教会信徒的聚会更加隐蔽和小心，这令当地居
民觉得他们"就像地下党，以前问起时还说到哪里聚会，现在都不说了"。

就主日学而言，S县城区教会每个礼拜和假期都在举办。在周日证道以及
见证会、赞美会等，都有主日学的学生在表演。每次谈及此事时，家庭教会
信徒都表示非常无奈。

图 4-2　S 县城区教会三楼为主日学场所（摄影时间 2011-10）

在 J 镇，就主日学问题，当地三自教会朱 GL 组长谈起，说过去也曾有管
理部门检查，说他们在举办主日学。她当时回复说，我们不是在办主日学，
只是大人在听道，孩子没人照顾，就专门安排人带孩子们唱歌跳舞，给他们
东西吃，帮大人管一下孩子而已。笔者问检查的政府人员是否相信时，朱 GL
狡黠一笑，说政府部门就那回事，谁会太较真呢。

四、形成缘由

当地家庭教会与三自教会的对立，除了在属灵上的分歧外，重点分歧集中在是否接受政府的指导。在调查的 C 镇、J 镇、XZ 县三个地方，家庭教会与三自教会间的对立情绪在 C 镇最为突出。XZ 县的两会对家庭教会持包容态度，所以一直都相安无事；J 镇并不存在真正意义上的家庭教会信徒，其原因是历史形成的，在宗教信仰自由政策落实后，当时家庭教会的负责人担任教务组组长，信徒基本都跟随加入三自教会。由此可见，两会的处理态度是影响家庭教会走向的一个重要因素。

在宗教自由政策落实后，S 县两会对家庭教会的孤立和打击，是导致 C 镇家庭教会与三自教会敌对的一个重要原因。其中，S 县两会首任董 JH 牧师在其中起到重要影响。从《S 县基督教会志》有关他的介绍（如下）中可以反映出这一点。

自 1947 年 12 月受洗入教，1982 年在省教牧培训班按立牧师圣职以来，遵照教会"三自"方针积极从事各项圣工，有益于社会，荣耀了神的名，赢得了多项荣誉。政协 S 县委员会、学习文史资料委员会，在 2003 年 12 月《政协学习资料》中，写了"红色牧师"的文章："县基督教三自爱国委员会负责人、牧师董 JH，从 1984 年任县一届政协委员常委至今已二十余年，他牢记党的宗教政策，自觉规范宗教活动，被信徒戏称为'比共产党还共产党'和'红色牧师'，他积极配合政府打击非法宗教活动，引导信徒走爱国爱教之路，使宗教与社会主义革命相适应，教会累计向灾区和县内困难户捐款 7 万余元，粮食 4 万余斤，衣物 2 万件，多次受到市民族宗教委员会、政协 S 县委员会、县宗教局的表彰奖励"。2004 年庆祝建国 55 周年，中国科技研究交流中心、中国国际交流出版社等在中央领导支持下，在国内外优秀人才中征稿，编辑出版了《世界优秀专家人才名典》，董牧师成绩显著，被审定入典。颁发了荣耀证书、纪念品等。在新的世纪里，为教会的发展，与时俱进，再创辉煌。

在基督教的管理中，当地三自教会强调学习政府的宗教法律法规。S 县两会指出，国家政府的宗教法律法规是保护宗教信仰、过好宗教生活的保障，基督徒应该学法懂法，才能用法。因此，它积极组织各教会堂点教务组成员，认真学习贯彻落实宗教法律法规，贯彻落实"国务院颁布 144、145 号"重要文件、1991 年河南省宗教活动场所管理办法"二十八条"规定、2004 年 7 月 7 日第 426 号国务院令《宗教事务条例》等。而 S 县宗教局间隔一段时间就会进行普法教育，对全县各教会堂点、教牧人员进行普法学习及考核。此外，宗教局还要求各教会堂点订阅普法读本和相关学习材料，规定每月第二个主日礼拜抽出 30 分钟时间学习法律法规；各乡镇教会堂点设有一名法律宣传员主管学习，采取板报宣传等项措施宣传法律知识，定期联络。

S 县两会强烈要求乡镇教会堂点教务组管理人员，必须明白"自治、自养、自传"的三自方针。在其编著的《S 县基督教会志》中，两会特别指出"三自"是当今教会的出路，又是教会存在的保证，更是办好教会的法则，各教会堂点负责人必须了解它的性质、宗旨、由来和作用，认为这是对其作出相关解释：

首先，从现实生活中看，坚持三自方针有其针对性和必然性。清朝末年国家衰弱，各国对中国进行侵略，清政府无力抵御，每战必败，割地赔款，订立不平等条约，丧失国权，西方传教士乘机而入传教，利用办学校的途径进行文化侵略，因中国人没有自治、自养、自传的主权。解放后，外国传教士被赶走，中国教会的工作自然落到中国人手中。

其次，从宗教信仰来看，三自精神是基于《圣经》的精神。《圣经》虽没有"三自"的词语，但有"三自"的精神实质。在初期教会，使徒时代没有任何差令、母令等分别。例如，（徒 6 章 3 节）："所以弟兄们，当你们中间选出七个有好名声、被圣灵充满、智慧充足的人，我们就派他们管理这事"。《提摩太前书》第三章 1-4 节保罗告诉提摩太立什么样的人为监督。以上记载是教会要走向自治方针的依据和选拔管理人员的条件。自养方面，旧约《圣经》早有规定奉献十分之一的收入来解决生活，初期教会全靠自养，《罗马书》15 章 25-27 节，叫信徒们看到各教会互助捐助。教牧人员的生活费用，捐款救灾等都是走教会自养的道路。自传方面，初期教会的自传更是显而易见的，从五旬节开始，使徒们并不受任何人、任何组织差派，便是主动传福音。直接由圣灵的动感，绝未受任何超其本地教会组织或个人的操纵。由此可知，"三自"是顺乎神旨，合乎《圣经》，既是办好教会的途径，也更是爱国的表现。现代的教会堂点管理人员必须理解"三自"方针的意义和政策的必要性，只要这样才不至于迷失方向，更好地办好教会，为耶稣基督做美好的见证。

第三节 教会的组织与管理

一、堂点建设

当地政府管理部门对基督教的发展持非常谨慎的态度,这突出表现在对宗教活动场所的控制上。教会堂点是经县级人民政府和宗教局批准的,不能随意关闭和变迁地方。目前,S 县现有的堂点基本都在宗教信仰自由政策落实时建立的,新的堂点很难得到批准。

目前,C 镇三自教会共有 9 个堂点(详见表 3-1),为 C 镇教会、SR 村教会、ZF 村教会、CZ 村教会、HS 村教会、LW 村教会、SM 村教会、SD 村教会和 LHK 村教会。其中,C 镇教会最大,位于镇边东庄北河边三角地,新的福音堂建于 1996 年,占地总面积 1726.76m²,占地 1666 平方米,建筑面积 1100 半方米,在主日、复活节、受难节、圣诞节都在这里举行大的礼拜活动。

表 3-1 C 镇 9 个堂点的详细情况

堂 点	建成时间	位 置	占地总面积(m²)
C 镇教会	1996 年	东庄北河边三角地	1726.76
SR 村教会	1995 年	西坪	246.68
ZF 村教会	1996 年	南沟口	246.68
CZ 村教会	1998 年	南沟	200.01
HS 村教会	1983 年	青岗村	166.6
LW 村教会	1999 年	LW 村庄上组	306.69
SM 村教会	1997 年	庄村	346.69
SD 村教会	1997 年	原泗水沟小学	645.7
LHK 村教会	1992 年	焦园	346.69

资料来源:《S 县基督教会志》

1996 年,C 镇镇区教堂建立。据信徒葛姨所讲,当时镇区教堂是时任教务组长的钱 GR 领着一帮信徒修建起来的,其中一砖一瓦、一桌一椅都亲力亲为。在上梁时,人手缺乏,钱 GR 不顾自己六十多岁的高龄,就和年轻点的信徒一样,上到房顶给泥瓦匠"搭把手"。住房盖好后,她又专门找木匠定做教会用的长凳,当时五十元一个,上漆编号都在现场,一为监工,防止偷工减料,二是帮忙,督促早日完工,能尽快开堂。

　　除镇区教堂，其他堂点的建筑都非常破落。SD 村堂点的房子原来是当地的一所小学，后来学校合并挪走，为当地人购买。后来房顶漏雨、墙壁断裂，住不成人。当时 SD 村教会没有地方聚会，于是信徒们凑钱，花了五千多块钱将其买下，修葺后作为场所。

图 4-3 C 镇区教堂（摄影时间 2011-1）与 SD 村堂点（摄影时间 2011-8）

　　家庭教会多在信徒家庭中举行，地点一般都是固定的。有时有信徒需要借助众信徒的聚会祈祷来解决困难如疾病时，当周礼拜时可以临时在其家中举行。

二、教会组织

　　在当地信徒看来，教会是神所选召出来的众信徒所组成的团契，是耶稣用宝血所赎出来的，是其身体及圣灵的殿，因此称为"金灯台"。他们认为，地上的教会象征着天上的教会，主把地上的教会交托给他拣选的忠心仆人管理，这便是教会管理人员的主要责任。

　　教会的管理，首先是设立组织机构。相比较而言，三自教会的管理相对规范，主要是在县两会领导下，除直属 C 镇教会外，还要管理其他八个堂点。其组织结构如下：（1）教会堂点教务组。依照《圣经》和一定的标准条件，当地信徒代表选举产生教务组，服从于 S 县两会和县宗教局的管理和指导。（2）服事组。由信徒中选出若干人（按需要而定），爱国爱教乐意服事的人，其任务是维持做礼拜与各种聚会的秩序，协助教务组办理各种事工。（3）财务组，其主要责任是认真管好教会内的经济，奉献款（财务收入）。在本堂内选出诚实可靠的人组成财务组。收入全靠信徒奉献乐捐，来之不易，归主为圣的钱。可用在教会的事工上，勤俭节约，合理开支，账目日清月结，分期公布于众，概不外借也不挪用，暂时用不着的现金存入银行，不得存在个人手中。（4）保管组，其主要是管好教会内的各种财务，要将一切财务逐一登记造册，注意不损失遗失，教会内的圣衣、圣餐器具由圣事组保管。除了上面的固定组织外，还存在临时组织。当地信徒根据需要，如传道、探访、事工时，召集有意向的热心信徒前去。

不同地区教务组的编制有所不同，J镇教务组由11人组成，C镇教务组成员则由5人组成。C镇教务组组成如下：教务组长1名，负责全面工作；堂务1人，主抓证道、讲道的学习班，管侍奉，堂里面的建设，以及生活、主日的编排、执事的学习等；有1名司务，主管生活，住宿、信徒们办节办班的生活用品；此外，还有1名会计和1名出纳，主管经济方面的事。过去，C镇教会除教务组长外，还有副组长。现在不再设立副组长职务，只有一个组长。

一般来说，三自教会教务组换届和S县两会换届是一样的，每五年召开一次。在宗教开放之初，由推选方式产生。在一些信徒看来，一个教会一个负责人（教务组组长），上帝给信徒一双属灵的眼睛，由品行、信仰、生命好的信徒担任组长，C镇三自教会前两届的组长是钱GR姊妹。信徒们认为组长能得以推选产生是上帝的恩典，如果组长在其任期干的不错，他们就认定该组长是能胜任神职工作的，就不需要重新推选新的组长。换届的方式是上一届的教务组内定几个信仰、生命和品行都不错的年轻信徒作为培养对象，让他们先跟着老组员学习，培养好后就交接给他们。由于内定培养的方式不公开透明，后来逐渐被选举所替代。特别是2000年后，新任的教务组组长及成员皆是当地信徒选举产生。但选举式同样也产生一些弊端了，如一些信徒认为，选举制会造成庸者上、能者下的情况，因为"能干的人不图钱也不图位，所以能干也不干；不能干的挤着想干，因为他是有目的的"，这会造成"劣币驱逐良币"式的不良结果，使教会的复兴受到阻碍。

C镇教务组组长的任期有时要比规定时间短。按照正规程序，应该5年一换届，但C镇三自教会这些年却是3年一换。据李ZJ组长介绍，之所以3年一换，是因为担任教会职务都是义务，没有报酬，而且"只能走到前面，不能走到后面，不好做工，所以大家都想着三年都可以了"。此外，在一些信徒看来，教会和世上的事不一样，谁担任职务就意味着奉献的越多，不仅花时间还得格外操心，不是件容易的事，而且当地基督教的发展并不理想，农村居民不好领，所以组长不好当。在2011年上半年，C镇三自教会和S县基督教两会第五届代表大会一起举行换届。C镇三自教会新当选的史组长才33

岁,为历届组长中年龄最小的。

C镇教务组组长选举产生的程序是:九个堂点推选出自己的代表,再从这些代表中产生候选人,最后选举产生新任组长。投票并不是所有的信徒都参与,而是分配代表名额。2011年换届选举时,SD村有五个代表名额,这五个人就代表整个SD村。

相比较而言,家庭教会的组织结构比较简单,由推选方式产生,且没有固定的职务,一人身兼数职。如镇区和HB村的家庭教会负责人不仅管理证道安排,还管理财务。

三、教会管理

在教会管理方面,当地三自教会和家庭教会大同小异,除在是否严格遵守宗教法规以及"三自"方针存有争议外,其他方面基本一致。

1. 教务管理

无论是三自或者家庭教会的信徒,都认为教会是基督的身体,是永生神的家,是众多信徒聚集祈祷的重要居所,应该严肃从事认真管理。

三自教会在教务管理上,接受政府和宗教部门的行政领导,在遵守国家法律、宗教政策和省、市、县两会若干管理条例之下,结合《圣经》进行管理活动。因此,在教会事务中,三自教会提倡爱国爱教,荣神益人,接受县两会的领导及遵守县两会所颁发的一切规章制度。镇区教堂对着大门的隔板上的宣传栏中,左边为《十条诫命》,中间为《使徒信经》,右边就为《宗教活动场所管理条例》。而家庭教会在这一方面,尽管也认为要遵守相关的法规,但如果其内容与《圣经》不相符的时候,认为要以《圣经》为准。

图4-4　C镇区三自教堂内的宣传栏及储物柜(摄影时间2011-1)

在日常的管理中，三自教会和家庭教会都会定期召开教务会议，总结经验并回顾最近信徒的发展情况，以部署将来的教务工作。家庭教会实行自觉划区，每个月有一次交通会，地点不定。

在平日的宣传中，两类教会都提出信徒应多做对社会有益之事。不同的是，家庭教会多提出要真心信主；而三自教会教育信徒遵纪守法，爱国爱教，响应党和政府的号召，执行宗教政策，坚决走"三自"爱国道路。鉴于不少信徒认为有病就医是软弱和信心不够的表现，曾发生弃医祈祷而误命的事件，所以县两会特别提出教育信徒有病就医，不能硬性劝其他人和动员他人单靠信仰治病，但 C 镇三自和家庭教会在这一点上很少开展实际工作，在传福音和证道的过程中所作的见证大都为依靠神而治病的事例。

2. 堂务管理

堂务管理只要是维护教会财产和教堂秩序，使信徒有个肃静祈祷、虔诚事奉之处。三自教堂是国家开放的宗教活动场所，受国家汰律保护，在这里不准提倡无神论言说，破坏教规教义。相比较而言，家庭教会的聚会点不受保护，曾受到当地政府的压制，防止被抓也成为当地家庭教会信徒必备的一项技能。

堂务管理主要是礼拜堂点的管理。堂点称圣堂是归主为圣的处所，是信徒敬拜神与神交往的地方，也称圣灵的殿。教务组要亲白管好各堂点的座位、讲台、讲桌、地面要保持清洁，门窗要光亮，墙上不准张贴任何非宗教标语和宣传品，环境肃静，秩序良好。圣堂不能外借使用，圣台上不让人随意讲说非宗教信仰议论，特别是异端邪说。

C 镇三自教会的堂务工作实施分工负责制，责任到人，这些人被称之为执事服侍。镇区教堂的执事服侍共有 5 组，其中，前三组包含的人数都为 3 人，后两组为 4 人，共 17 人。他们的职责包括：指导参加礼拜信徒的车辆按规定地方排放；指导参加礼拜的信徒，按男女作为先后次序入座，带小孩的要防止小孩哭闹影响秩序；确保教堂的整洁，劝告进堂信徒不准吸烟，不准高声喧哗，打闹、嬉戏和随意走动，以及在教堂内随地吐痰、乱扔果皮、纸屑，确保教堂清洁卫生。与其相对，家庭教会并没有指定执事服侍，一切都靠信徒的自觉。地方堂务管理遇到的主要问题是礼拜时的秩序维持，主要是孩子哭闹。为此，三自教会和家庭教会都强调带小孩的信徒要管好自家的孩子，以防孩子哭闹会影响自己和他人的礼拜，但收效甚微。

堂务管理还包括对教会财产、内部设施的保护。前些年，C 镇三自教会收留一个自称为信徒的人留宿，当晚就发生失窃。自那之后，除正常守堂和工作人员外，镇区教堂一般不留宿他人。如情况特殊，需要事先经教会负责人同意后，登记后方可住宿。为了更好地进行礼拜和事工，C 镇教会获赠或购置一些现代化的设备，但由于无人使用而最终废置。前几年，教会自己购置一套乐器，花费一万多，但随着懂音乐的年轻人都外出打工，使教会在礼拜特别是在婚葬礼仪时的节目有限。而且，由于长时间无人使用，乐器生锈，最后不得不处理掉。C 镇堂点给笔者的印象比较简陋，与前任组长钱 GR 交谈时，提及县城城区教会设备齐全。她告诉笔者，C 镇教会也有投影仪和电脑，为有钱信徒捐赠，但由于没人会用，所以一直闲置。

3. 财务管理

为使教会财务工作条理化、制度化、正规化，C 镇三自教会成立教会堂点财务管理小组，设立财务主管、会计、出纳、保管，负责具体工作。此外，县两会还定时抽选乡镇进行财务普查。

由于收入有限，C 镇三自教会严格实行开支审批制度，全年的管理费开支要求被控制在总收入 5%，其它支出应低于总收入的 3%。根据实际情况和需要，给守堂人员 3 元以下、出纳 5 元、会计 20 元、主管 100 元支付权，100元以上有教务组研究决定，500 元以上由全镇信徒代表研究决定。会计做好账目，月结报表；出纳管好资金，每月进行核对，并建立财务档案，对年度终结帐据，公示在教堂东侧厢房的墙壁上接受信徒监督。在 2012 年时，C 镇三自教会财务上的余额不足两万（见附录2），但从 2011 年全年来看，收入 35042.00元，支出为 35215.36 元，多于全年的收入，寅吃卯粮的现象比较严重。

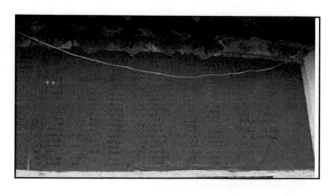

图 4-5　C 镇三自教会财务公示（摄影时间 2011-1）

当地家庭教会并没有专门的财务管理小组，捐款的信徒在礼拜后会直接把钱交给当地负责人。家庭教会和三自教会一样，教会的经济来源全部用于自养，以补贴教会日常费用开支。

4. 抵制异端

异端是少数宗教团体或一部分偏离了正宗信仰，随从虚构的教义。在当地信徒看来，近年来由于圣灵做功，教会逐渐复兴，但撒旦并不甘心失败，鼓动一些自封传道人，趁教会缺乏教牧人员之机，到处传扬制造各种异端邪说，欺骗信徒，破坏教会。简言之，异端即为撒旦的诡计加上人的错谬所致。

当地三自教会和家庭教会都强烈抵制异端。三自教会的李 ZJ 组长承认在抵制异端上当地家庭教会和他们一样，"以国家太平为前提"，与三自教会一样反对异端。家庭教会的孟 YX 在谈及东方闪电创始人李长寿时，认为邪灵充满他的内心。

> 报道人：孟 YX，女，48 岁，家庭教会一负责人，初中文化程度，信主 11 年。报道时间：2011-2。
>
> 《圣经》上没说，咱就不能胡讲，是吧？咱得照着神的话语去讲，不是咱想咋说就咋说。神没给咱说的，咱不知道的，咱就不说。神向咱隐藏的就不要硬去追求。你看这书上李长寿，硬去追求时，邪灵就会那个住，坑得可狠。你知道那世上的灵通多呢，天上的使者们，天使长带下来三分之一，都是天使啊，灵气的东西，人看不见，没有形体嘛。他要是坑你的时候，他都是专害你的，拉人下地狱，都通厉害的。你知道那呼喊派的发源人，后来他都成主了啊，讲道有能力，叫邪灵弄住，他专求生灵充满，专求干一番大事业，他自己荣耀自己，为了自己的名利。所以，神不喜悦他。他这样，神本来就不喜悦他，魔鬼又坑他，这种虚荣心嘛。伏在主的名下，人算什么，只不过是鼻孔有气息，神使用你，做神的工作，荣耀主的名，这是对的。自己真是一把尘土啊，这样神才使用你。他是想着我得怎么着，怎么着，那都不中了，魔鬼就钻进去了。他讲道怎么又能力，大家都是觉得他多奉行教会。可是他到哪里讲道，就把教会分开了，把人拉走了，这就不同心了，这就不属主了。后来那个同工说，他们几个祷告那时候，看着那黑气往他们跟前去，那都是魔鬼的黑邪灵，他赶紧靠着主的十字架宝血，祷告祷告那种黑气

走了。走了一会又去，他赶紧靠着主祷告祷告，一会上到李长寿的身上了。那黑气扑到他身上之后，他说话都不一样了，大有能量，讲道也大有能量，有亮光，后来都是想着他那……。可是后来他打哪讲道，就把教会分开。后来还有人说不听这弟兄说，说人家有能力，还拥护他啊。后来几个同工商量，今天他讲道时咱就祷告，他要是从圣灵来时，让他讲道还大有能力；要不是从圣灵来，从邪灵来时今天让神封住他的口，不让他说话。他们几个就迫切诚心祷告，是为了辨别是不是真的嘛。祷告祷告，那他李长寿讲道的时候，从创世纪翻到启示录没有亮光，从启示录翻到创世纪没有亮光。让弟兄姊妹唱一首歌又一首歌，一下唱了五六首歌，就是没啥讲。后来他说："弟兄姊妹，今天神没给我那个，心里乱的很，讲不成"。讲不成，又弄了一套，还是讲不成，不中，下礼拜了，讲不了了。他们才真是知道，真是不是出于神，神就封住他的口，真是封住他的口了。知道李长寿，后来他成主了，成神了啊，哈哈哈哈！你想想这邪灵，在天上他都想当神。神不喜他，把他摔到地上，他还是想当神，那庙里面也都是他的作为嘛，他在教会中他还是想当神。他都想当主，你想那呼喊派多厉害，以前咱国家镇压呼喊派，他们邪灵充满的通厉害呢。

当地信徒判断异端具有的特征有：否认《圣经》的最高权威；不承认十架救恩；不承认自己的教会；不承认有关的真理，如关于圣灵的工作，三位一体的神；歪曲《圣经》强调局部，如讲末世时间，笼络人心。据此，汤 HS 弟兄就认为电影《2012》是闪电出资拍摄的片子，其目的就是宣扬末世即将到来，要引起恐慌。

当地信徒经常提及的异端的种类有东方闪电、呼喊派。多年前，当地东方闪电宣传世界末日即将来临，煽动部分信徒跳崖丧生。事情发生后，引起当地政府的高度关注。县政府在各乡镇到处张贴公告，打击呼喊派、东方闪电等异端，并要求各教会堂点专门设置抵制异端邪说的渗透，定期到县两会汇报，相关部门会定期不定期进行调查。目前，异端在当地偏远地区仍然存在，但信徒数量非常有限，他们在传教时非常谨慎。当地有居民曾和笔者提及，去年他认识的一个人晚上来找他，偷偷借给他一本书，介绍闪电教义，但他没看，后来那人过来又把书拿走。

第四节　影响教会发展的外在因素

一、传统势力的影响

　　基督教会的发展受到当地文化传统的影响。就各乡镇具体信徒人数，笔者特地咨询过 S 县宗教局的工作人员，他们尽管不愿意提供具体数据，但还是提供了大致的分布情况。其中需要特别关注的是，TH 镇临近二程故里的信徒非常少，也没有堂点。

图 4-6　二程故里石牌与二程故居大殿（摄影时间：2011-8）

　　J 镇三自教堂的厢房由于年久失修，并且墙壁倒塌，教会在 2010 年准备扒掉建读经楼。厢房原来是李家祠堂，李家祠堂是一百五六十年前建的，是道光二十五年，在破四旧时期被政府接收。后来宗教自由开放政策落实后，1984 年当地教会花 7500 元买下该处。厢房被扒后，李家族人纠集几十个人，说是他们的祠堂，不能扒掉。为此，三自教会一年多无法动工。后来在镇政府的调解下才得以复工。J 镇三自教会出现与家族势力的房产纠纷。

图 4-7　J 镇基督徒在被扒厢房的空地上购买对联（左图，摄影时间：2011-1）；J 镇教会在建的读经楼（右图，摄影时间：2011-8）

二、政府管理的影响

当地政府管理部门对基督教的发展持非常谨慎的态度，每间隔一段时间都会派专员到各处进行调查。在一次访谈中，S 县宗教局的工作人员明确告诉笔者，现在基督教发展太快，本土宗教发展不行，"如果都去信基督教，谁还信共产党"。对于这种态度，C 镇基督徒深有感触，三自教务组的一个成员感叹道，国家怕基督徒人多了乱，所以不扶持，还压制。

特别在对外交流上，当地政府管制较严。前几年，新加坡、印度等国基督教团体直接访问 S 县城区教会，索要一些材料。此事后来被县宗教局得知，特别指明批评。县宗教局与县两会就专门印发相关的通知给所属的各个教会，内容为，"通过研究决定：坚决落实国务院 144、145 和 426 号令，杜绝一切外来自由自封传道人。境外传道人，必须通过县两会、宗教局允许方可接待。"这也使笔者在调查过程中遇到一些困难，特别是在对其他教会进行调查时。在笔者通过关系联系城区教会的教务组长时，他就以政府管制较严为理由推脱访谈。后来，笔者提出只是了解一些基本的情况，不涉及敏感话题，他提出要出具单位证明和相关部分的介绍信。在办妥相关手续后，他又推说一直都很忙，没有时间。

对家庭教会来说，政府管制所带来的影响更大。据家庭教会的 Q 弟兄介绍，前些年有个章弟兄到当地一家庭教会聚会点参加礼拜，正好遇到县公安局的两个人来抓家庭教会信徒。这两个人便对章弟兄说他们也是信主的，是从本地另外一个地方过来，想随章弟兄参加聚会。礼拜结束后，章弟兄觉得这两个人的家住的比较远，热心让他们在聚会点住一晚。但这两个人说在 C 镇街上还有一个弟兄，腿有毛病没来，所以要去镇上的宾馆住。章弟兄听说后，觉得肢体间应该着爱心，决定也随着去看看。一块到宾馆门口，他被其中一人往门里一推，说"这伙劲你可上当了吧"。说到这里，Q 弟兄感叹道，"就是那，所以说，对生人不敢随随便便说话"。

第五章 地方基督徒的皈依与宗教生活

基督徒的宗教生活分为组织式的制度宗教生活和经验式的个人宗教生活（James, 1902/2008: 22）。依据基督徒信仰成长的历程，制度宗教生活涉及皈依缘由与途径、使之成为基督徒的圣礼、礼拜聚会及其他的宗教活动；个人宗教生活为基督徒的自我宗教体验，主要涉及教义的理解、基于自我体验的祈祷和见证、信仰的"信心"。

第一节 皈依缘由与途径

皈依（conversion）是指正式加入一个宗教团体，并且认同自己作为其成员（Loewenthal, 2000/2002: 52）。皈依原本为佛教用语，意指通过三皈仪式，正式成为佛教徒，誓愿终生信从三宝，直至未来解脱成佛，后来泛用到各种宗教[1]。乌格里诺维奇（Угринович, 1986/1989: 191）认为宗教皈依是以个人的道德和世界观基础以及他的危机作为其社会——心理根源和先决条件，按其内容特点可分为两个类型：其一，由不信仰宗教转变为积极的和深刻的宗教信仰；其二，由一种宗教改信为另一种宗教（最典型案例为《圣经》中"扫罗"突然"变成保罗"，从一个迫害基督徒的刽子手突变为基督的一

---

[1] 有学者认为皈依这个词有较浓重的佛教色彩，基督徒强调以"信仰"为中心，故而建议翻译为"皈信"，认为这一中性词可以很好地兼顾到不同的宗教（见 Stark & Finke, 2000/2004: 142）。但皈依该词在国内学界和基督徒日常实践中已得到广泛使用，故本书沿用皈依一词。

个使徒）。其实，宏观上的皈依还包括另一种情况，即宗教传统内部的转换（如三自教会与家庭教会间的转变）。为了更好地展开论述，本书将上述的三种情形分别称为"皈依"、"改教"和"改宗"。在现实生活中，第一种情形为绝大多数，地方基督徒日常的皈依用语也特指该种情形，故而本书中的皈依意指由不信教到信教。改宗是在同一宗教信仰下的内部转换，看似宗教的忠诚度并没有如改教那样发生"长距离"的剧变，但在现实生活中却也非常少发生。唯一改宗几率较高的时期正是社会文化与宗教事务激变的上世纪八十年代（详见本书第四章）。改宗的过程机制与改教非常类似（Stark & Finke，2000/2004: 143），信徒们坚守其原隶属的教派正是基于改宗和改教在"个体和群体上的代价"都很巨大。

皈依带来基督徒内外两个方面都发生显著改变。内在方面，基督徒因与上帝建立起联接而自认获得新的生命，这种对神圣体验的表达方式让皈依者"感到自己日常所感到的自我升华了"（Streng，1984/1991: 54）。可以说，皈依即为一种在宗教观念上发生特殊和强烈体验的转变过程，它通过接受特定的宗教仪式而对自我进行重新定位，实质为一种制度化的宗教认同（梁丽萍，2004: 18）。外在方面，基督徒身份是每一个皈依者都需要面对的身份的转变。这一转换被不少地方基督徒认为是"断裂关系"的行为，即为了追求新生而断然割裂旧生命，使得社会文化的困境与张力在基督徒身上突出表现在其皈依的缘由和途径上。

一、个 案

从基督徒自述的皈依动机及家庭成员的皈依情况，可以较直观和清楚地反映出地方基督徒的皈依缘由和途径。

教会负责人：

个案 1（李 ZJ 组长），男，53 岁，初中，信主 25 年。

> 信教前在镇二中做饭，当时家里母亲信教，父亲不信。但"神拣选你，很稀奇"。有一次咳嗽，晚上一个信主的长者和我一起睡（第二天我们要一起去工作），半夜咳嗽得厉害，他就说我犯罪了，要我认罪，我说："喉咙疼得很，怎么认罪？"他就说："这没关系，只要说'靠主'就行"。我照着一说，就不咳嗽了。另外有一

次，我身上长疙瘩，晚上梦到自己在大街上遇到耶稣，他对我说："我赦免你的罪"，结果病就好了。还有一次，我得了肝炎，学校都不让我去做饭了，可是经过祈祷，我再去做化验时结果一切正常。前几天，左手中指有骨质增生，长出一个"角"，经过我一晚的祈祷，第二天手就好了。

个案2（某堂点组长陈WJ），女，54岁，初中，信主20年。

主要是因为信主能够得永生。最初是因为生病，吃药、打针都不治不好，在别人的劝说下，开始接触基督教，事实证明很管用。比如我有腰间盘突出、膀胱炎，夜里老起夜，但是要是一祈祷，一晚只起来一次，不祈祷的话要起来3、4次。信主前，烧香、吃药都不管用。

个案3（C镇教务组成员孙YQ），女，36岁，初中，信主20年。

因患病而信主，母亲是基督徒，所以小时候在母亲的带领下参加过教堂的唱诗班。父亲不信主，已去世。丈夫常年在外打工，年底才回来（貌似家境一般）。一般也不回娘家，周日与母亲在教堂相见。

个案4（汤HS，C镇家庭教会重要讲道人），男，60岁，高中，信主34年。

文革后期信的主。当时还在小学担任过老师。那年害病得要死不得活的，住院回来病还不会好。后来又个信主的亲戚来传福音。信主后病就慢慢好了。

个案5（张HL，HB村家庭教会主要讲道人），女，69岁，小学，信教26年。

当时得了疯子病，全身都开始不正常，烧香烧了几年，不见好，后来信主信了一年半后，并就全好了。丈夫前年得了高血压，信主后病也好了。闺女信，三个儿子中有一个信，儿媳妇不信，孙女信。

个案6：（张GX，HS村家庭教会组织者），男，38岁，初中，信主27年。

妈妈原来经常胸闷，后来信主后慢慢就好了。11岁就跟随别人聚会，但不明白其真谛。家里人也都信，因此结婚也只找基督徒。

普通基督徒：

个案 7（崔姊妹），女，74 岁，小学，信教几十年，断断续续。

> 7 岁的时候，每周到礼拜天去聚一天会，有人来讲道，也去听，但是去玩的。后来有病，才开始信主。

个案 8（林姊妹），女，53 岁，小学 3 年级，信主有 20 多年了。

> 闺女生孩子时有病，饭后身上瘫软无力，俺就开始传福音，后来俺闺女信了，病也好了，而且还可以得永生。人很软弱，当面对享受、钱财迷惑时，这都是神给的考验，就像神管教自己的儿女时，将病加在孩子身上，实际上是提醒孩子要去聚会，这样才得神的喜悦。

个案 9（崔姊妹），女，58 岁，没上过学，信主 28 年。

> 当初脾气不好，听了神的话，开始信耶稣，觉得从此有了靠头。家里人不信，孩子小时候信，长大了就不信了，为此还打过孩子。另外，大姐家的孩子当时生病，要不是信主，也活不到现在。

个案 10（赵姊妹），女，54 岁，60 岁，没上过学，信主 16 年。

> 当初信主是因为自己有病，别人给我传福音，我就信了，后来病也慢慢好了。家里两个女儿都信，但丈夫、儿子不信。

个案 11（尚姊妹），女，60 岁，小学，信主 29 年。

> 当初信主是因为有病，打针、吃药都治不好，但信主后就好了。当初大队干部还不让信。有三个儿子和一个女儿，小的时候都信，长大了只有女儿现在还信，儿子都不信了。

个案 12（丁 ZD），回族，男，47 岁，小学 6 年级，信主 18 年。

> 1993 年时，人们都排着队信耶稣，有一次自己做梦，梦见很多人都说想去天国。后来得了气管炎，信了之后，当天晚上就好了。耶稣是"真神"一位。

个案 13（谢姊妹），女，62 岁，小学 3 年级，信主 12 年。

> 当时是生病了，不会说话了，后在别人的指引下，信了主后就慢慢好了。女儿信，但儿子信了一段时间后就不信了。

个案 14（尚姊妹），女，70 岁，小学 1 年级，信主 29 年。

　　当时自己得了很多病，邻居来传福音，后来自己的病就好了。两个女儿都信，大儿子不参加聚会，但也信。老伴去年也开始信，但属于"糊涂信"。

个案 15（黄 LY），女，40 岁，没上过学，信主 27 年。

　　13 岁时平安信，但害怕传福音。公公 85 岁，经常上山聚会，女儿、兄弟、弟媳都信，丈夫不露头信。

个案 16（王姊妹），女，53 岁，没上过学，信主 20 年。

　　当时来串门的邻居说让信主，后来就接受了。有三个女儿，其中两个女儿信，一个不信。丈夫信，但是由于比较忙，平时不聚会。信主后没得过大病。

个案 17（李姊妹），女，66 岁，小学。信主 10 年。

　　以前也去教会听过讲道，但是不信，后来生病了，检查说是败血症，医生都说很难治，烧香、磕头、输液都不管用，后来就信了。胃病以前很难受，信主这十年没有再犯过。家里三个儿子一个女儿都不信。

个案 18（王姊妹），女，60 岁，小学 4 年级，信主 12 年。

　　当初是因为孩子有精神分裂症，邻居说信主、到教堂对孩子有好处，因此开始信主。后来孩子一来到教堂就比以前好多了，见人之后很开心。女儿和丈夫都不信。

个案 19（石姊妹），女，65 岁，小学 4 年级，信主一二十年。

　　患病信。当时是浑身疼，连住院都不行，后来邻居姨来传福音，慢慢信了，病也慢慢好了。家里只有自己一个人信。

个案 20（张姊妹），女，66 岁，高中，信主 30 年。

　　当时母亲病重不能讲话，那时听说信主可以得永生，我才信。后来母亲又活了十五年。信主首先可以身体、家庭平安，而且可以得永生。信主之后没再吃过药。家里人都信，包括儿媳妇，当时也是专门找的基督徒。

个案 21（王姊妹），女，61 岁，小学 3 年级，信主近 20 年。

> 神拣选我，让我在听到别人说信主可以治好病痛、进入天堂后
> 开始信主。家里人都信，儿媳妇也是基督徒。

个案 22（石姊妹），女，65 岁，小学 4 年级，信主 29 年。

> 因为脾气差，而且还有病，主要是头晕，听了邻居的劝说，开
> 始信主。老伴不信，五个女儿小时候信，长大就不聚会了。

无论是三自教会还是家庭教会，基督徒都将皈依的缘由分为"患难信"和"平安信"。前者是由于身心疾病、家庭变故等才皈依基督教，后者则是对永生、人生意义和价值的探寻而皈依基督教。患难信为地方基督徒皈依的主要原因，平安信者极少，由上述个案陈述亦可看出。

二、"熟人传"的患难信

地方患难信多为生理疾患与精神心理问题，地方基督徒主张患难信徒是上帝借着医病这条途径来拣选他。对于信仰在医病上的疗效，地方基督徒持肯定的态度，但同时也认为疗效是通过信心即信仰的坚定程度来决定的。相对来说，地方非基督徒否认信仰在生理疾病上的治疗作用，仅承认基督信仰在精神心理问题上的治疗作用以及对生理疾病起到一种心理上的安慰和支持作用。地方非基督徒认为信主可以"治疯子病"，但身体有病就"该吃药吃药，该打针打针"。对地方基督徒而言，尽管意识中已明确身（肉体）与心（灵命）二元对立的，但在身心疾病治疗方式上的对立界限却并不泾渭分明。在他们看来，是否仅依靠神或者借助医学手段的关键在于"信心的大小"。C 镇堂点教务组长高 LQ 姊妹说，"自己信教这么多年，基本上没吃过什么药，但现在觉得有时还是需要吃点，这就要看感觉。因为信主就是祈求一种灵力和力量，就像运气一样，有高潮和低潮，在低潮的时候力不从心，还是需要药物帮助的"。信心的大小则往往是其皈依的缘由有着密切的关联。在家庭教会的张 HL 姊妹（个案 5）看来，依靠医学来治病是没有信心的表现，是"体贴老肉体，要是有信心，什么疾病都能脱去"，而且，她还举出自己皈依后得救的经历，"我以前婴儿时得的病，神都给我释放了，是神的恩典。就喉咙疙瘩，四十多年没好过一天，还有那半晌子病，还有骨正病，神都给我释放了。要凭信心，信心不大就得不住"。她丈夫前两年患高血压，在她的劝导下皈依基督教，丈夫的病竟然不吃药就慢慢好了，这更加强了靠神治

病的信念。于此，她非常反感既依靠神又借助于医学手段的做法，认为"只要有真信心，就不会去吃药打针，依靠医学是信心不够，神不负责任；依靠神，但信心又不够，夹在中间，到最后什么都靠不住，得吃大亏"。对于依靠信仰治病的方式，她提出"应该不断祈祷，说神叫我死我就死，叫我活我就活，诚心实意，心里也得信才中。就这一句话，神就叫他得着了，挺简单呢"。由于地方基督徒的传教对象多为疾病患者，说服的理由为皈依耶稣可以治病得救，这导致当地很多非基督徒都听说过"信耶稣治百病"，"把信耶稣的事情说的神乎其神"。

对于为何有患难，地方基督徒认为，这是神拣选的一种方式。正如林 YF（个案 8）所说的，"人很软弱，当面对享受和钱财的迷惑时，这都是神给的考验，就像神管教自己的儿女时，将病加在孩子身上，实际上是提醒孩子要去聚会，这样才得神的喜悦"。

地方基督徒接触基督教的路径基本都为"熟人传教"。这是因为当地是一个文化传统相对保留较多的地区，特别是佛道二教的影响至今仍在，而基督教的礼仪和教义与地方习俗和文化传统在很多方面都格格不入，皈依基督教则意味着惯习的改变，甚至会造成已有社会关系网络的断裂。这也就是为什么孙 YQ 姊妹（个案 3）感叹信主是一个"断绝关系"的行为。由于患难信不同于从小受到潜移默化的影响而形成的信仰，它往往是在其他途径无效情况下的无奈之举，且不需花钱只用付出真心，皈依所带来的收益要大于其原有社会资本上的损失。张 HL 姊妹（个案 5）患病起初的做法为民间传统信仰的烧香许愿，在没有效果的情况下才皈依基督教，这也正是为何基督徒特别是农村地区的信徒多为"患难信"。

三、"传子女"的平安信

在笔者调查过程中，中年基督徒的平安信仅有四例，除张 GX（个案 6）、黄 LY（个案 15）外，一个是为白云宾馆的丁 JH，另一个在 TH 镇遇到，为该镇原教务组组长的爱人王 HM。尽管丁 ZD（个案 12）说其为平安信，但其实是为医治气管炎才皈依基督。张 GX 平时表现被别的基督徒评定为"人来疯"，其自我认定为平安信多出于地方信徒多认为平安蒙福更受神的喜悦。因此，严格意义上讲，平安信的中年信徒非常罕见。就皈依的路径看，平安信的这几位中年信徒自幼年时其父母就已皈依基督。这种由父母传教给子女的可行性，地方基督徒们能够非常清晰地察觉到。丁 JH 姊妹就说，"就像我们在教会，比如我妈妈信，我就信了，我去带着我小孩，小孩也很自然的跟着去了"。

地方基督徒都希望自己的子女也皈依到基督中，上面个案陈述也体现出了这一点。对虔诚的基督徒父母来说，鉴于信主带来的诸多益处，他们都有一种传教给自己子女的必要性和急迫性。黄 LY 姊妹（个案 15）家有两个孩子，大的是儿子，十五六岁，小的是女儿，刚刚十岁，正在上小学。在一次和同去 TH 村交通时，她提及小女儿时就反复强调一定要其信主，每到周日和假期都会强烈要求小女儿参加礼拜和主日学，不去也要强迫她去。笔者问起孩子这么小，可以慢慢来时，黄姊妹立刻回应说，"以前儿子小的时候不注意，儿子想去礼拜就去，不想去就不强迫。到现在，儿子大了，渐渐离主远了，小时候还会说感谢主，现在都不再说了。"对此，她很是后悔，感叹说如果想让孩子认识主、皈依主一定要趁孩子小，岁数大了就管不住了。所以，现在她把所有的希望都寄托在小女儿身上。

从传教子女的效果来看，地方实践并不总是成功，子女多数会皈依基督，但也有一直不信或开始信但随着年龄的增大而中途脱教的。在对田野调查材料分析的基础上，我们发现子女是否最终信教存在三个规律：

其一，信教与否与接触基督教的年龄有关，孩子年龄越小越容易随其信主。镇区家庭教会负责人韩 HJ 有一对子女，他们在很小的时候都跟随母亲到家庭教会中参加礼拜，现在也都皈依基督。三自教会李 ZJ 组长的子女也是年幼时就跟随父亲接触信仰，成年后都成为非常虔诚的基督徒。SD 村乔姓老夫妇在信主时，孩子们都已成年，几乎没有受到基督信仰的影响，所以五个子女都不信教。SM 村家庭教会基督徒孟 YZ，十几年前开始信教时，大儿子已有十四五岁，小女儿只有六岁。现在儿子仍然没有信教，但是在挑选挂坠时会选择十字架，说是因为母亲不喜欢他戴其它的；女儿已信教，经常跟随母亲参加礼拜。当地退休教师贺 WF 告诉笔者，她母亲信主，四五岁就跟着母亲去参加礼拜，在教会学会"求耶稣，来救我，做保人，免罪过"这一顺口溜，至今仍记忆犹新。

其二，女儿更容易接受基督教，信教的概率远大于儿子。比如孟 YX 是当地家庭教会的主要活动者和组织者，她的三个子女中，两个大的女儿都跟随母亲信奉基督教，而最小的儿子却不信。其胞妹孟 YZ 和孟 YX 一样，多年来不断规劝自己家人信教，但丈夫和儿子至今也不信，反倒是女儿都随她们信教。

其三，家庭教会基督徒子女信教的概率大于三自教会基督徒的子女。这可能是因为家庭教会分布分散，规模小，团契成员间的联系更为紧密，即它的内部网络密度高；其信徒自认受到逼迫，隐蔽性强；它对其成员的要求要更严格，与当地社会文化环境之间的张力（tension）相对更高，这些都使家庭教会具有更强的凝聚力[2]。因此，尽管三自教会和家庭教会的基督徒在礼拜时大多都带着自己未成年的子女去，但由于家庭教会内部团结得更为紧密，使未成年的孩子受到的影响更大，也更容易走上信仰的道路。

相比较中年基督徒，地方青年基督徒多为平安信，年龄段越低平安信的比例越高，笔者接触到的不满二十岁的地方基督徒皆为平安信，从而呈现出代际间的不同特点：相比较老一代多为患难信，现在年轻一代开始向平安信转变。这一趋势是与当今宗教信仰私人化的趋势相一致（参见本书第一章第二节相关内容）。此外，该趋势的出现也有其时代的背景。如果说平安信依靠家庭成员特别是父母的言传身教，那么当前中年基督徒年幼时正处于解放后到82年宗教开放之间这一段宗教发展滞缓甚至停滞时期。

年幼时受父母的直接影响从而接受某种信仰，不同于成年后才形成信仰的"自组织产生"，它是一种"刻板式产生"（景怀斌，2005: 162）。地方一青年基督徒在谈及自己的皈依路径时就说，"父母、爷爷、奶奶都信主，自己自然就信了"。这种从小就耳濡目染接受基督教，为其在认知事物时，提供了一个解释的框架。为进一步了解当今青年信徒皈依基督教的缘由和途径，我们于2013年从当地市区以及XZ市（县级市）各选取一所高校，分别对其一个团契聚会点的大学生信徒进行访谈。这些大学生绝大多数都来自伊洛地区的农村地区，共有24名团契信徒，平价年龄在21岁左右，平均皈依时间在8年以上。调查发现，大学生基督徒皈依的原因基本为平安信的有22人（占91.7%），患难信极少，有2人（占8.3%）。出现这种情况，一方面与青年很少有大的身体疾患，他们更倾向于追求精神的归属和存在的价值，如有受访大学生信徒认为，"在教会中感受到真爱"，"上帝爱我，当我迷茫时，给我方向"。此外，还与家庭特别是父母的影响息息相关。如平安信的22名学生信徒中，

2　"张力"，是指一个宗教群体和外部世界之间的区别、分离和对抗程度。家庭教会凝聚力强的一些特点，对应于Stark和Finke在其名著《信仰的法则——解释宗教之人的方面》第六章"宗教群体动力"中的阐述（在该书中，将凝聚力表述为"委身程度"）（Stark & Finke, 2000/2004: 175-207）。

母亲信主的有 20 名，其他三个中一个为祖母信主，另一为同学对其传教。在这些都充分说明了家庭在平安信中重要作用。与此对应的是，调查的所有大学生基督徒都希望自己的配偶和将来的子女也信仰基督教。

第二节　圣礼：成为基督徒

皈依是心理历程上的转变，成为一个正式的基督徒则需要接受圣礼。圣礼（Holy Sacraments）是基督教传达神圣恩典的仪式。基督教会和各派别都主张圣事是由耶稣设立，自使徒时代开始，但在圣事的个数[3]以及运行方式存在不同意见。就新教（即为本文的基督教）而言，大都只承认两种圣礼，即洗礼和圣餐礼（Cox, 1993/2008: 93）。

当地基督徒认为，教会的圣礼是教会的重要礼节、信仰的教义基础和根本，是严肃的圣事。在他们看来，圣礼包括洗礼和圣餐礼。其中，洗礼使其成为正式基督徒，标志着身份的转变；圣餐礼则是成为正式基督徒后才拥有的"福利"，利于其灵命的成长。

一、洗　礼

1. 洗礼认识

洗礼是基督教的入教仪式，象征着入教者的原罪和本罪得到赦免，能接受到圣灵和恩宠，标志着他成为一名真正的信徒。受洗后，方可参加教会讲道、圣诗班等各项事工。一位刚受洗不久的基督徒告诉笔者，尽管小的时候就随着母亲参加礼拜活动，但一直没有受洗，原因除了自我觉得还不够格，更是觉得一旦受洗就如同一个"紧箍咒"，随时随地要严格要求，不像之前随意了，以前是想去礼拜的时候才去，现在是必须要去。

3　关于圣礼，基督宗教各个派别认识不同，最多认为有 7 件，包括：洗礼〔或称浸礼，Baptism），其目的是为了洗去原罪；坚信礼（或称圣膏，Chrismation/ Confirmation），将生灵完全赐予受礼者；圣餐（Eucharist, 或 Communion, Lord's Supper），当基督徒领受圣餐时，他们乃是直接领受耶稣的身体及血；神职授任礼（或称按立，Ordination），能消除许多罪过，使人执行圣职，仍然能够将天父赐予的恩宠普及其它基督徒；忏悔礼（即告解，Confession/Penance），指向神父表白、实行身负要受礼者所做的陕公或者祈祷；病者涂油（或称膏油礼，Anointing of the Sick），可以消除各种可以宽恕的和致命的罪过；婚礼（Matrimony/sacramental marriage），指男女双方结合所行之礼，神父亦为见证。这些圣事多数从使徒时期就被使用，但婚姻圣礼直到中世纪才被承认。引自 http://zh.wikipedia.org。

在具体认识上，三自教会基督徒一般认为受洗登记标志着成为真正的信徒，这亦反映出三自教会与政府管理间的密切关系。S县两会规定，凡正式接受洗礼的基督徒都应该去教会登记注册，虽有由其发给信徒受洗证。与此不同，家庭教会基督徒坚持属灵的标准，认为受洗归于基督，承认其罪神就会将其名字记到天上，无需受洗证证明。此外，他们认为在三自教会那里受洗就会被登记，"大教会上网公布，到哪里都可以查找"，所以家庭教会的信徒告诫笔者，如果要受洗"就在咱这受洗，不去那"，"进到这小教会（即家庭教会），这是神的美意"。对于这一观点，三自教会的教务组声明，现在三自教会并不要求一定得登记注册，要不要受洗证是看基督徒个人的意愿。教务成员钱 GR 就认为，"上帝听人祈祷，只要你真心相信，你祈祷他都听，这和发不发受洗证没有关系。发受洗证，只是为了证明你的信徒身份，你去其它地方打工了，把它掏出来给当地教会的人看，就能证明你的身份，在本教会（特指 C 镇三自教会）不起作用"。据调查了解，当地三自教会基督徒一般都会要受洗证，少数没有的基督徒多是自己丢失掉的，近两年皈依的基督徒则是证件还没有从 S 县两会那里领回来。但与此同时，三自教会基督徒又往往不重视皈依证，认为证件可有可无，到外地教会只需声明自己的信徒身份即可，很少有人会冒充基督徒，就是有人冒充一交通就会露陷。

对于未成年人是否应该受洗，两类教会存在不同意见。家庭教会基督徒认为，《圣经》指出小孩子是可以受洗的；而三自教会的基督徒则依据宗教事务管理条例的相关规定，认为给孩子受洗不符合国家的相关政策法规。

2. 受洗条件

受洗的对象要符合一定的要求，原则上要经过教会的考察才行。县两会就曾正式下文通知，"清楚蒙召的学友，经一年的考验方可受洗"。受洗者在洗礼之前都会参加为期一两周的短期慕道班进行培训，时间较其他地区（多为 2 个月）短，主要学习基督教的基本要道和《圣经》知识。地方三自教会还往往要求受洗者了解三自原则以及强调"爱国爱教，荣神益人"，家庭教会则不会涉及这些内容。其后，进行"考信德"（询问受洗者有关基督教基本信仰的一些问题），经考察合格后方可给予行礼。

受洗的条件随着时间逐年宽松。据一些早年受洗的基督徒回忆，当年他们受洗前考察的时间是两年，甚至有更长的考察期，闻其言看其行，在开始受洗前还要例行洗礼问答，即述志。当时，受洗者的年龄普遍偏大，记忆力不太好，其中还有不识字的，尽管在受洗前进行过培训，但在洗礼问答环节都忐忑不安。甚至于个别非常紧张的受洗者，在下面还能背得出，当牧师问起时就脑子一片空白，什么都记不起来，甚至连每次礼拜前都要口诵的《使徒信经》都无法背出。但对一些特殊情况，如年迈或病危者是可以省掉这一环节。现在，无论三自教会还是家庭教会考核都变得容易，一般都能过。相对而言，家庭教会的要求更为宽松，尽管受洗前也会进行洗礼问答，但其问题就是基督徒所熟知的，且在受洗前就告诉他们答案，以免他们到时回答不出影响受洗。对此，家庭教会的信徒认为，只要是诚心认罪悔改，奉圣父、圣子和圣灵的名施洗就是有效的洗礼。这是与两类教会的组织建构不同有关：三自教会请县两会牧师来主持洗礼，地点都在镇区教堂，程序规范；家庭教会多是地方基督徒自我组织进行，有时候也会从外地请来牧者，地点不定，程序上的规范性和细节相对不足。

3. 洗礼的安排与程序

受洗的具体时间依据于受洗慕道友的发展情况。三自教会一般凑够四五十个受洗者，就可以向县两会请求牧师或长老前来主礼。最近一次是 2011 年圣诞节期间，邀请县里的姚牧师前来，受洗者有一百多人。家庭教会一二十人即可受洗，这两年都没进行。若有特殊情况，如老年人病重，即便是一两个人也会举行，教会甚至专门到其家中进行洗礼。多年前，山里的一位老人即将离世，想在离世前接受洗礼，成为正式信徒。当时县里的董 JH 牧师不顾自己八九十岁，亲自前往给其受洗。

洗礼主要有浸水礼和点水礼两种实施方式。浸水礼受到约束较多，也较为繁琐，如冬季天冷水凉，同时对年老人和孩子都不适宜，所以现在多用点水礼。点水礼相对来说，较为简单易行，因此更为普遍。在一些家庭教会基督徒看来，浸水礼更符合《圣经》的指示，认为只有实施浸水礼才能真正得救。目前，三自教会使用的是点水礼，而家庭教会既使用点水礼，也使用浸水礼。实施浸水礼要求是在流动的水中，当地地处深山区，因此不难找到适宜进行浸水礼的小溪。

在洗礼的程序上，三自教会和家庭教会基本一致，一般分三部分：（1）在施礼前进行一次证道，过程为唱赞美诗、祈祷、宣召、讲道，其内容与洗礼有关，较平日的证道要短。（2）行洗礼，包括述志（即主礼者与受洗者间的问答）、认信（起立读读《使徒信经》）、祈祷、施洗。行礼时，点水礼是主礼者将清水在受洗者的额头点水三次，也口念：奉父（点水一次）、子（点水一次）、圣灵（点水一次）的名，给你施洗（依据马太福音 28：19）；浸水礼则是将受洗者浸入水中三次，同时牧者念祷文：奉父（浸水一次）、子（浸水一次）、圣灵（浸水一次）的名，给你施洗。（3）结束阶段，新老基督徒一起唱赞美诗、同诵《主祷文》。

4. 洗礼的意义

受洗的意义在于，"藉着洗礼归入耶稣的死和埋葬，叫我们一举一动有新生的样式，象基督藉着父的荣耀从死里复活一样"。对地方基督徒来说，洗礼不仅是一个可见的外在仪式，它更象征受洗者的内在变化，洗净原有的罪恶，接受耶稣基督为救主，从而得到圣灵的能力，获得重生和得救，正如地方基督徒所说的，"已经得着圣灵，成为了神的儿子"。

尽管洗礼正式带来了新生，地方基督徒大都清楚洗礼仅是新生的开始，它离充满圣灵、见证神迹、获得权柄还有很长一段路。汤 HS 弟兄就说到，"一个初基督徒，好像才出生的孩子，各方面都不知道，这一段时间需要在灵里面培育长大"。灵命的成长，除了听道、掌握《圣经》知识和保守信心外，领受圣餐也是增强灵命的有效途径。

二、圣餐礼

1. 受餐条件

圣餐礼的目的是为纪念耶稣"十字架"受死与救赎，凡受过洗的基督徒才能领受。所以，在施圣餐前，主礼人都会让没有受洗的慕道者离开会场，或者坐在座位上默祷。在调研过程中，当遇到领受圣餐时，执事的信徒会悄然走到笔者和其他知道没有受洗的人旁边，告诉不要接受。虽然如此，但还是有慕道者领受了圣餐。HB 村一个被家人戏称为"烟鬼"的慕道者告诉笔者，因受不了基督教对吸烟的禁止，一直没有受洗，但凡遇到圣餐，他也是吃的。

2. 时间地点

对于什么时候实施圣餐，各地的规定基本都为一月一次，这是地方三自教会和家庭教会的共识，但具体的日期却不尽相同：J 镇三自教会是每月农历最后一个主日，XZ 县的一个青年团契则是按照公历的每月最后一个主日，C 镇三自教会的圣餐礼是在每月农历的第一个主日。对于为何不按公历而是依据传统农历来确定圣餐时间，就连教务组成员也不清楚，说一直以来都是这么做的，并"没有多想"。当地家庭教会也是按照农历来确定圣餐日，但日期并不是固定在每月的哪一天。这主要是家庭教会有权分饼的圣职人员极少，"一个人要管几个聚会点，只有轮着分饼"，对于深山中的聚会点更是如此。该聚会点的基督徒大都认为圣餐日哪天都可以，有信徒就明确认为"《圣经》里是天天分饼，不论时间的"。但对于镇区附近的家庭聚会点，一般是在每月的农历十二。据相关负责人说，圣餐日是全天讲道，晚上领受圣餐，之前圣餐日曾安排在月初，经常发生老年基督徒晚上回家路上摔伤的事情，所以他们将圣餐日定在农历十二，因为那天月亮明，晚上走路方便。

不仅圣餐日不统一，就是圣餐那一天哪个时间段实施圣餐也是不同的。C镇三自教会是在上午讲道后就举行，所需时间自然也较平日礼拜长；家庭教会通常安排在晚上，他们认为晚上吃圣餐才符合《圣经》的要求："耶稣被卖的那一夜，耶稣吃逾越节宴席，所以必须得晚上。只有耶稣的血才能洗净你的罪，必须得服"。J镇三自教会在圣餐日则安排一整天的讲道，在下午结束后才实施圣餐礼。C镇三自教会到圣餐日，全镇基督徒都会到C镇教堂领受圣餐；家庭教会限于场所和安全的考虑，在各处聚会点分开举行。

3. 程 序

圣餐的制作材料主要是无酵饼和葡萄酒。三自和家庭两类教会都自己动手制作没有经过发酵的一张大饼，因为在地方基督徒看，酵代表罪恶，所以在制作饼时不加酵粉，且只做一张饼，寓意教会的一体性。但据一些家庭教会基督徒说，以前三自教会曾用买来的饼干来代替无酵饼，并把它作为三自教会不真心信主的一个证据。

实施圣餐礼要求主礼人为圣职人员。当地三自教会并没有牧师和长老这样的圣职人员，所以县两会的牧师专门委托市里三个传道员来主持圣餐，而在一些特别偏远的地方，则由执事分发，其中一个就是钱GR姊妹。家庭教会中能分饼的圣职人员就更少，一个人往往要管好几个地方，即便如此也是不够。相对于三自教会主礼人被市两会授予权柄，家庭教会主礼人的选择则是基督徒一起祈祷，依靠圣灵的指引，看谁符合要求了。但在具体实施时，聚会的基督徒大都推选公认灵性较好的一个。

图 5-1　镇区三自教会的圣餐礼（摄影时间 2011-3）

施圣餐前，圣餐桌上铺以洁白的白布。在具体的程序上，当地三自教会和家庭教会基本一致，可以分为三个阶段：（1）证道，唱诗、祈祷、宣召、讲道，其内容与圣餐有关。（2）基督徒众立唱诗，主礼人登台祈祷。祈祷部分在三自教会，一般包括劝众省察祈祷、代会众认罪祈祷和求主赦免祈祷、祝饼酒成圣祈祷，相对来说比较规范。而家庭教会则相对随便，多随口祈祷，但必包括祝饼酒成圣祈祷。即地方基督徒所言的圣餐经文，"他们吃的时候，耶稣拿起饼米，祝福，就掰开，递给门徒，说：'你们拿着吃，这是我的身休。'又拿起杯来，祝谢了，递给他们，说：'你们都喝这个，因为这是我立约的血，为多人流出来，使罪得赦。'"（马太福音26：26-28）。其后，主礼人在襄礼人帮助下分饼、酒，然后交给分餐基督徒，分发给在各自位置站立的受洗基督徒，待分毕后一同吃下。而非在别处的教会，基督徒共用一杯。对家庭教会，则要看条件：条件好的和三自一样，每人一杯；条件不够的，葡萄酒多是盛在一个较大的容器，有基督徒各自用小勺舀酒依次喝下。（3）结束，基督徒唱诗、同诵主祷文。在三自教会，在教堂内两个过道的后面各放一个大号塑料桶，领受过圣餐的基督徒在离场时，将盛酒的小号塑料杯放入桶中。而家庭教会规模小，是有专门的执事收杯。

4. 圣餐的意义

地方基督徒都接受圣餐的宗教隐喻，认可饼是耶稣的肉，酒是耶稣的血，"吃耶稣的肉，喝耶稣的血，主就与你同在"。地方基督徒也熟知圣餐的意义，认定它能有效增强灵命。有基督徒告诉笔者,信主的人有两种生命,一种属世,一种属灵,前者是肉体,靠五谷杂粮维持;后者是灵魂,灵命需要圣餐就如同我们肉体需要粮食,定时需要补充能量。

相比较其他礼拜日,圣餐日参会的信徒往往是最齐备的。地方基督徒对圣餐的重视程度,充分体现在其与传统习俗冲突时的选择上。当地居民上坟祭祖是在二月二,而并不在清明,历年不少地方基督徒会随同家人去坟地进行祭祖活动。2011 年春节刚过的(农历)二月二,这天正好是周日,为三自教会的圣餐日。这一张力下如何选择成为当日地方基督徒共同面对的问题,令笔者感到惊讶的是,当日聚会信徒的人数远多于平日礼拜的人数,在世俗与神圣中选择了后者。当然,这也并不意味着每一个参会的基督徒都基于神圣而来的。笔者问一个平日里并不积极参加礼拜的基督徒为何每次都要参加圣餐礼时,她告诉笔者说,那是因为有东西可以吃。

第三节　礼拜:制度性的宗教参与

宗教参与(religious involvement)是指个体参与宗教活动和宗教实践的程度(杨宝琰等,2008)。在具体的研究中,宗教参与多指去礼拜、祈祷、读经等。Fetzer Institute/NIA(1999)在其声名远播的简明多维宗教性或精神性量表中,对宗教参与的具体行为作为更为细致的区分,认为礼拜属于制度性的宗教参与,读经、祈祷属于个人的宗教实践。基督徒的宗教体验正是衍生于个人宗教实践上,故而本书将其放在下一节中讨论。礼拜是基督徒制度性宗教参与的中心主题。

一、礼拜即听道

地方基督徒认为礼拜即是听人传扬神的话。在他们看来,"信道是从听道来的,听道是从基督的话来的"(罗马书 10: 17)。而在公众和个人的敬拜中,《圣经》具有不可或缺的重要地位。所有公开的礼拜都包括宣读《圣经》片段以及根据《圣经》进行劝勉教导,这两样并不是礼拜聚会的附属品,而是崇拜的基本要素(Stott, 1972/2003: 177)。

关于听道的重要性,三自教会的黄姨就说,"听道就像一个加油站,你肯去聚会,神都住在你心里,它能使你时刻保持信心和对神的爱"。在当地不少基督徒中流传一个事例:有一个老太太每次听道都坐在第一排,尽管听不懂讲道的内容但很虔诚；而当时对老太太讲道的牧师由于讲得很好，不免有些骄傲。后来他们都去天堂，牧师发现老太太的位置比他高，很不理解，觉得自己做的贡献至少比老太太要大。神告诉他，对神的爱是第一位的。这种爱，在当地一些基督徒看来，可以用《雅各书》来表述。如张 HL 姊妹就说，《雅各书》是爱情书，按肉体说，是关于所罗门与索拉米女的爱情书；按《圣经》上说，是喻表基督徒对神的爱，耶稣就是新郎。因此，"现在信的跟捎带一样，想去（礼拜）去，不想去就不去，听后心里没任何东西，这些人根本就守不住道"。

二、礼拜安排

三自教会礼拜的场所都安排在教堂里举行；家庭教会限于条件，往往在信徒个人家庭中举行。为了能更好地让基督徒听道，三自教会和家庭教会都有相应的流程安排。

1. 座位安排

礼拜时男性和女性要分开坐，当地一般情况是男性坐左边，女性坐右边，不能乱坐。对此，地方基督徒解释道，这是因为男女授受不亲，一些邪教异端如蒙头派乱坐，是淫秽的表现，教会的规矩应该非常严格才行；在小规模的家庭礼拜时，同性间是可以关起门祈祷，但是有男有女时不可关起门祈祷。

2. 服侍安排

三自教会参与服侍的执事分为证道组、圣诗组、设置组、修建组等，分工明确，各司其职，配合也较为熟练。礼拜当日，证道者、圣诗班和服事人员要求须在上午八点三十分前到位，各负其责做好主日崇拜事工。主日礼拜上午九点至十一点钟，夏秋农忙季节酌情安排。三自教会将证道员、圣诗班、服侍人员的名单贴于镇区教堂内。为公平起见，主日证道的圣诗班是九个堂点轮流服侍，证道的次序也早安排好，提前一年就公示出来，也贴在镇区教堂内（见附录 3）。如果有外来的牧师，就让出，不再补出，按原有的次序进行。在家庭教会，由于条件所限，没有圣诗班，只是在证道前基督徒共唱赞美诗，证道次序只要提前几天打好招呼即可。

3. 崇拜议程

崇拜议程上，三自教会相对比较规范，分为：宣召、礼拜基督徒起立唱诗、祈祷、宣读经文、圣诗班献唱、信仰告别、证道、基督徒起立唱诗、主祷文祈祷、祝福、散会。家庭教会的崇拜议程中，无圣诗班献唱一项，其余类同。

4. 礼拜的时间和形式

除周日证道外，当地三自教会在周三下午举行小礼拜，周三晚上进行赞美会，周六晚上是读经会。不同于三自教会只在周日上午进行证道，家庭教会一整天都在礼拜，上午和下午证道，晚上是赞美会，此外在周四晚上进行读经会。

在礼拜的形式上，无论三自教会还是家庭教会都认可家庭礼拜的形式。S县三自教会也开始于家庭礼拜：1917—1947年，先后有三位传教人员进入 S县传道，开始因无人信道，其中的侯姓长老夫妇就一人讲一人听，慢慢开始了家庭礼拜。不同于三自教会基督徒认为家庭礼拜只是礼拜形式中的一种，家庭教会基督徒认为家庭礼拜才是真正敬拜神的礼拜形式，大型聚会礼拜"不是好地方"。

三、证　道

1. 讲道意义

既然要听道，就必须有讲道。对当地基督徒而言，讲道具有极其重要的地位。讲道是讲神的话，传讲基督的生命，使人明白、接受、顺从，从而使人灵魂得救，此"圣道比圣事更为重要"（谢炳国, 2008: 41）。

2. 讲道之人

讲道要依靠讲道人来实现。能够上台的讲道者，是经过评选确定的。讲道员身负重任，他的灵命与基督徒的灵命息息相关，讲道员的灵命提高了，生命丰盛了，才能把生命之道传给基督徒，使基督徒明白真道。所以 S 县两会就在相关文件中指出，讲道员必须具备以下五个条件：必须有丰盛灵命素质；必须有纯正的信仰；必须有一定的文化知识；必须懂得丰富的《圣经》道理；必须有好行为来见证主的道。

由于受到文化程度的限制，当地教会讲道员的数量很少，且素质不高。为此，S 县两会对讲道员进行《圣经》培训，后来分春夏二季召集各乡镇教会讲道员、执事等到县两会进行学习，目前已达 30 多次。2004 年 11 月 11 日，全县首次教会堂点组长学习班研究通过在县两会举办短期神学班。S 县首届神学班于 2005 年 8 月 10 日正式举行开学典礼。C 镇三自教会的讲道员多为在县市进行神学培训。对于其必要性，李 ZJ 组长就说，讲道人不但要把道理讲出来，还让你容易接受，这就必须去神学院进修二三年，甚至五年的学习。

尽管三自教会基督徒在属灵上不愿过多表达，但他们都认为三自教会在《圣经》解读和学识上具有绝对性的优势。他们主张解读《圣经》的基本原则是"正义分解"，故而对《圣经》的理解就不能以偏概全，不能断章取意，对问题也不能按照各自的意思去看待、解决。其缘由在于：一是有教义基础，《圣经》中明确指出，"你当竭力神面前得蒙喜悦，作无愧的工人，按着正意分解真理的道"（提摩太后书 2：15）；二是现实上的要求，两会和政府明确要求正义分解。在三自教会基督徒看来，正义分解《圣经》的必有途径就是上神学院，而家庭教会的讲道人没受到正规教育的，都是自己私自领受的，是自发性的。

家庭教会基督徒不否认自己在学识上的劣势，常常感叹"下面讲道的人凋零、紧缺"。同时，他们也认同正意分解《圣经》，因为这是《圣经》中所明示的，与三自教会信徒不同的是他们主张正义分解《圣经》的必有途径不是上神学院，接受正规教育，而是在讲道前虔诚祈祷，靠着圣灵的引导。鉴于讲道人的缺乏，当地家庭教会还专门组织了相关的培训工作。除了有个别骨干到外出学习外，大都在当地接受培训。

汤 HS 弟兄是当地家庭教会的主要讲道人。在他看来，要想给别人讲好道，首先得有口才，其次得具备一种《圣经》知识，"你引用《圣经》中的章节都要十分恰当，满足教会的需要"，"一个人再有口才，里面没有这个知识，就讲不成道"。这两个条件虽不可少，但汤弟兄认为，圣灵的工作比它们更为重要，"讲道德好坏主要是看神做工不做工，好比说你这堂开始讲道，你祈祷过神之后，神要是与你同在，你能把道理说清楚，你做这个工就非常有效果"。他特别提到：

> 《圣经》上称彼得是个没上过学的打渔汉，那为什么他说的话人人都佩服呢？这就是神给他的智慧。因为神亲自说："你要牧养我的小羊"，就是让他做牧养工作的。既然牧养人，就必须有充足的知识。那么，他是什么时候有智慧的？《圣经》上讲，耶稣是四十日升天，五十日降临。之前他吩咐其门徒，"你们要在城里等候，

直等到上面来的能力，你们也必得到能力"[4]。所以从耶稣升天那日
开始，门徒们等了十天，他们在马克楼上跪着祈祷，等着圣灵降临。
到了第十天的时候，《圣经》上记载说，那一天，圣灵如风，好像一
阵大风吹过，分头落在个人的头上。他们都被圣灵充满，说起别国
的话来[5]。现在的学生学外语都学多少年才会说，你想彼得那些门徒
们根本没学过外语，各国话都能说了。所以说，圣灵降临以后，别
国的话都会说了。话又说回来，讲道主要依靠圣灵，得祈祷。

对地方基督徒而言，讲道人无论是否受到神学培养，一个必要的条件是
他必须要有证道的恩赐才行。在日常的宗教生活中，祈祷圣灵的帮助，无论
是在家庭教会还是在三自教会，都是非常重要的一环，它不仅是开始讲道前
的最后准备，而且还成为评定讲道是否成功的必备标准。家庭教会讲道人张
HL 姊妹谈到，当地一个老太太非要在周日礼拜时做见证，神不让她说，她就
说不出来，她只有一个劲的祈祷神。三自教会讲道员孙 YQ 就说，在圣台上讲
道，不是谁想讲就讲的，得先跪下祈祷，祈求神说这一星期基督徒们需要什
么样的经文，祈祷之后神就开始启示了，头脑猛一下就很清醒，经文就印到
头脑中，这就预示着能够讲这次道。在三自教会的一次礼拜证道中，一位刚
毕业不久的神学生首次登台证道，由于经验上的缺乏和心理上的紧张，使她
对圣灵的期盼尤为迫切。下面为她在讲道前的祈祷：

个案：女，28 岁，三自教会神学生，高中文化程度，信主 4 年。时间：
2011-10。

"此时此刻，我们大家再为这段经文献上一段祈祷，愿神的灵来
亲自引领我们众人的心：亲爱的天父，感谢你将马可福音赐给了我们，
也感谢主你这样的爱我们。你知道我们自从来到你的面前，我们信了
你，我们的生命就需要成长，因为你的话语就是我们生命成长的粮食。
我们需要成长，就需要主你自己的话语。主啊，也谢谢主你这样的爱

4　《圣经》中的原句为，"我要将我父所应许的降在你们身上，你们要在城里等候，
　　直到你们领受从上头来的能力"。(《路加福音 24：49》)

5　《圣经》中的原句为，"五旬节到了，门徒都聚集在一处。忽然从天上有响声下
　　来，好象一阵大风吹过，充满了他们所坐的屋子。又有舌头如火焰显现出来，分
　　开落在他们各人头上。他们就都被圣灵充满，按着圣灵所赐的口才，说起别国的
　　话来。"(《使徒行传 2：1-4》)

我们，带领我们来到主你自己的面前，来享受你这样的会养和浇灌。此时此刻，我将正走在路上的那些你的孩子们也向主交托仰望，求主你来施恩眷顾他们，来催促、催赶他们的脚步，来赐给他们路上的平安。我更将此时此刻在主你的面前，在这里等候耶稣、仰望你的你的每一个宝贝的孩子，向主你交托仰望。求主你能荫罩我们，能够这样的用自己的心来寻求你，你让我们此时此刻就能够得到主你的赐福，你赐给我们心灵的平安。主啊，你知道此时此刻来到你的面前，我们都是为了敬拜仰望你。主啊，我们很多心里有捆绑，家中有搅扰，我们身体上有疾病。主啊，都求助你按照个人的需要来施恩于我们，主啊，我更将今天第一次来到你面前的弟兄姊妹，向主你交托仰望，愿主你赐福给他们，求主你恩待他们，愿主你预备我们众人的心灵，你除去一切魔鬼撒旦一切的作为和搅扰，愿主你赐给我们听道而受教的心，赐给我们，使我们的心单单地仰望你，使我们的心成为松软的土地，让你的种子散在我们心中，能结出百玫的果实来。主啊，我们真的需要主你自己，愿你此时此刻你来恩待我们众人，……得到真正的安息。主啊，也求你施恩你这个软弱的小孩子，你知道她是有限的，你知道她的语言有限，她的知识有限。主啊，你更知道她的思维也是有限的，愿你无限的恩典今天来通过这个话语的出口来浇灌你的每一个宝贝的儿女，主啊，求你亲自来释放你的话语，求主你使用你这个软弱的孩子，你不仅照看她的，不仅照看她的软弱，唯主你在她的软弱上显出她的刚强，在她的软弱上显出你自己的大能。主啊，在这里向你仰望，愿你将此时此刻的时间分配为胜。主啊，你叫我们来敬拜你，也求主你来祝福我们的家人。主啊，你不但也祝福我们这个主日崇拜的工作，也祝福主日学的每一个老师。主啊，你来使用他们，也来亲自地用《圣经》的通告膏抹他们。主啊，在这里向你仰望，愿你的圣灵亲自地来领导我们众人的心，使我们的心都能归到主耶稣你的里面。我们在你的面前如此地交托仰望，奉主耶稣的圣名祈祷。阿门。"

3. 证道方式

当地教会的证道内容大都围绕着《圣经》进行，即在圣灵的指引下选择《圣经》中的语句进行诠释，这种方式被称为"串珠"。严格意义上讲，串珠的讲道方式应该是以经解经，很少涉及例证，且这种方式为当地讲道员所认可，认为"那是很正确的"。但在实际的讲道过程中，却是以《圣经》为主线，以自身或他人身上的神迹和世俗知识加以说明。这种论证的方式更容易为地方普通信徒所接受。有基督徒就说，"我喜欢讲的道，像包谷糁一样，粗拉拉"。孟YX姊妹也认为，"讲见证就是让更明白，里面更亮堂"，故而当地讲道实践多是把两者结合在一起。在谈及讲道的结合方式时，李ZJ组长就认为这是为更好地传福音，将《圣经》知识与相关事例结合起来论述才能让本地信徒听得明白，只是以经解经的讲道方式属于高层次的知识，在当地行不通。

在讲道过程中用案例证道的频率是与讲道人的知识储备有关。如果讲道人对《圣经》较为熟知，则多以经解经；如果不熟悉，则多例证。正如有基督徒告诉笔者，"会串珠的人下功夫，跟咱一样，成天就不看《圣经》那肯定是讲不了"，"其实讲道就是讲《圣经》的，没学问的人光讲见证"。当地证道的内容往往结合属世知识。李ZJ组长就说，"上帝是掌管宇宙万物的，但咱这样说，人家还不相信呢，人家讲会说太阳与地球中间小小的夹角，恰恰就是那么大，不能大也不能小，为什么呢？现在科学家也解释不了。人家一讲那，咱一听真是这样。相比他讲鳄鱼，人们觉得是因为它凶恶，才称它鳄鱼，但是在很早的约伯记上，就已经给他命名叫鳄鱼，人们才知道"。

关于是否中国农民基督徒在证道过程中多举例论证这一问题[6]，笔者专门请教刚从美国交流回国的高D姊妹。就她在美国参加的主日礼拜而言，证道都是以《圣经》中的相关论述出发，很少举例，讲道的时候基本上是讲《圣经》上的内容，是每次设立一个主题，把《圣经》上相关的内容串联起来。但考虑到有基督徒会对证道内容不太明白，也有教堂在证道前后，按照年龄

---

6 中西文化形而上的信念系统的不同，从而造成中西推理与思维的差异，这首先体现在推理活动中的价值判断（value judgments）上，如在东方文化中，逻辑一致性（logical consisitency）并不被鼓励，如果一个人反复坚持，就会被厌恶，认为是不成熟的；中国人认为直觉推理、辨证推理更有智慧。从已有论述看，学者们提出东西文化推理依据的不同有下面几个方面：个人特质 vs. 环境因素；相似性、关系 vs. 分类、规则；辨证、直觉推理 vs. 逻辑推理；整体性推理 vs. 分析性推理（参见 Kitayama, S., & Cohen, D. 2007. Handbook of Cultural Psychology 相关章节）。这些都充分证明了中西文化在论证方式上的不同，就中国文化的论证方式，目前有以葛鲁嘉为代表提出的"体证"以及成中英提出的"本体诠释学"。通过学理分析发现，不同于西方文化以客观的逻辑演绎推理为主，中国文化的论证方式突出表现在"内生式证成"上，即以自我为中心进行主位的思考和推理，如儒家的八条目等，其中，突出表现论证过程中多举例论证。

层次分别将信徒组织在一起，每个班有个老师，按章节内容详细讲解其含义，有疑问的信徒可以当场提问。她特别提起，有个别牧师喜欢举例子，信徒们就会觉得他查经的时间太短，就会换到其他教会，信徒个人是要选择自己最舒服的教会。

总之，对讲道人而言，他不仅要立足属灵世界，深入了解经文，研读神的话语，蒙受圣灵感召，也要洞察世俗世界，让属灵在世俗中得以具现，实现两者的息息相连。如此，可更好给与会信徒阐释清楚神的荣耀和恩典，才能使信徒有切身体验，认识神和真理，进而崇拜敬奉神。

四、赞　美

在证道的前后，即礼拜的始末，赞美是必不可少的。赞美即赞美神。在地方基督徒看来，赞美神是基督徒的职责，这是因为《圣经》中所指示的，"凡有气息的，都有赞美耶和华"（诗篇 150：6），"日头月亮，你们要赞美他；放光的星宿，你们都要赞美他。天上的天和天上的水，你们都要赞美他"（诗篇 148：3-4）。赞美主要在正式或非正式的场合通过吟唱诗章、颂词、灵歌这些音乐形式来表达对神的赞美，"用诗章、颂词、灵歌彼此教导，互相劝诫，心被恩感，歌颂神"（歌罗西书 3：16）。赞美是正式场合——如主日崇拜、圣诞节、复活节、婚礼、追思会必不可少的重要环节，与会的每一个基督徒都要通过这一形式赞美上帝，乃至有"基督教堂诞生于音乐之中"的言论（见 Schmidt, 2013：269）。

赞美诗的来源有《圣经·诗篇》、《赞美诗》和《赞美诗新编》[7]，此外还包括基督徒个人感受圣灵而自我创作的灵歌。其中，《赞美诗》是所有基督教会和基督徒共同使用的赞美诗集，它为中国基督教两会编制，不仅神学思想丰富，还融入了中国的本土文化特点，所以在地方基督教徒心目中有着不可替代的地位，成为教会与教会、信徒与信徒、信徒与神沟通的主要途径，在

---

7 赞美诗是基督教宗教生活中必不可少的音乐部分。为编制一本可供全国基督徒使用的赞美诗集，1982 年 3 月赞美诗集编辑委员会成立，历时一年零一个月，共搜集了社会上的四百多首赞美诗，编纂完成《赞美诗新编》。《赞美诗新编》它的内容主要包括"教会生活"、"崇敬颂赞"、"信徒灵修"、"救主耶稣"、"特殊颂诗"和"附录"六个部分。《赞美诗新编》是基督教音乐在中国基督教中得以发展的重要标志，编纂者主要选用了国外教会中广受信徒喜欢的赞美诗，也选用了国内一些流传比较广、有灵性且容易被信徒接受的赞美诗，因此它包含了各种不同文化特点的赞美诗，如中国民歌、黑人灵歌等。

基督徒的宗教生活中里起到举足轻重的作用。但由于处于山间小镇和知识文化水平的有限，地方基督徒很少具备乐理知识，也很少接受相关培训，他们一般都是由口传心授的方式去学习赞美诗。

灵歌是由圣灵感动并带领信徒创作出的敬拜神灵的歌曲。灵歌使地方基督徒以更灵活的歌曲形式实现敬拜的目的，基督徒们认为灵歌带有圣灵工作的能力，是能够苏醒人心的。灵歌有一个即兴的方式，即基督徒个人由圣灵直接感动而即兴演唱出来，这样的歌曲只有曲调，很少留下曲谱，但其风格多种，含义符合敬拜上帝标准、旋律符合教导作用，且多数融入了使人奋进的感情，把神人性化，因此在教会中一直都很兴盛。地方基督教会的灵歌是以基督徒的亲身感受为创作来源，内容是以宣讲传播基督教为主，歌词通俗易懂，易学易唱，歌词内富含地方方言，有的使用民歌小调的旋律来进行填词，甚至还结合了地方戏曲的音调，融入了很多地方特色，很能引起地方基督徒的共鸣，在小范围内能得以流传。

灵 歌

整天忙，心冷落，为着家务灵恩一点也得不着。不祷告、不唱歌，心中忧闷不快乐。好机会，莫错过，将这灵恩你不接受去耽搁，到末日你复活，审判台前没奈何，求灵恩帮助我，叫我大发热心，丢下万事跟主学，心平安，灵快乐，肉身在世平安多。

（资料来源：家庭教会礼拜聚会时所学灵歌，记录时间：2013-8）

由于灵歌为个人创作，所以地方灵歌不可避免会受到世俗歌曲的影响，这突出表现在改编自世俗歌曲的灵歌。有当地居民至今仍记得多年前她参加的一次圣诞晚会，根据《九月九的酒》进行的改编，"走啊走啊走走走，跟着耶稣走"，甚至有根据《我是一个兵》、《东方红》此类红歌进行改编。

图 5-2　灵歌：《东方红》、《我是基督兵》（摄影时间：2010-10）

对于那些内容是赞美神的但曲调却来自世俗歌曲的这类形式，当地基督徒有着不同的看法，存在争议。有基督徒就认为这不好，教会唱的诗应该是纯正的，像中国基督教两会所编的赞美诗，是非常标准的，每个字都是经过揣摩的。但与此相对，有基督徒就提出，南京版《圣经》后附录的《赞美诗》中也有歌曲的曲调是从世俗歌曲改编而成，如《走进恩典时代》就是根据《走进新时代》改编的。笔者就此事问过持反对意见的基督徒孟YX，她认为这是不应该的。而在J镇，笔者所接触的基督徒都接受改编这一形式，认为这容易唱，朗朗上口，更利于传播。在J镇，甚至有基督徒组织会唱豫剧的基督徒，根据戏曲改编成圣剧来传播福音。在笔者调查的S县城区教会举办的婚礼，多数歌曲多为改编而成。

地方基督徒赞美的目的，多出于神供给他们身体灵里需要，让他们的灵魂得以拯救和救赎，医治基督徒身体上的疾病。对地方基督徒而言，赞美诗是一种宣传福音和教义的有效方式，它在传播教义上具有极大的作用。由于当地老年基督徒占大多数，视力和文化水平都不好，看不清楚也读不懂《圣经》上的文字内容，也不会在听道时自己做笔录[8]，在这一情况下，他们往往是通过对赞美诗的学唱来记忆教义。对地方家庭教会而言，赞美诗还会起到传道的作用。当地家庭教会在缺乏讲道人的情况下，基督徒就吟唱赞美诗来替代讲道人的传道。

第四节　制度宗教中的参与活动

礼拜是基督徒必须卷入的宗教活动。在基督徒的制度性的宗教生活中，除必须参与的礼拜活动外，还存在一些有选择余地的宗教活动，主要有：

一、传　教

传教，顾名思义，是基督徒将基督信仰传播给未信主的人。在地方基督徒看来，传教是他们作为信徒的必要义务，是他们增强灵命的重要路径以及将来在天国受赏的重要筹码。具体来看，地方信徒传教的方式主要有以下四种：

8　笔者在参加礼拜聚会时，时常遇到礼拜的基督徒请求笔者帮她将讲道的要点记在她所随身携带的本子上。

1. 熟人传教

传福音给熟人[9]在前面的皈依缘由中有所涉及,但其涉入的角度有所不同:前面是从客观效果进行论述,由他者到自身;此处则偏重于基督徒的主观努力,由自身到他者。

熟人传教是地方基督徒传播福音的主要方式。不少基督徒感叹,如果贸然传给别人,别人不仅不信,反而会反感和嘲笑你。三自教会的丁 JH 姊妹就说,假如看到一个人就告诉人家:你去信吧,天要灭亡了。这个样子让人家去信教,人家肯定很反感,认为你净在讲一些奇奇怪怪的事。因此,对基督徒来说,通过"关系"来传教可以起到事半功倍的效果。在笔者参与的几次地方教会传教活动中,传教信徒都是先联系当地肢体或亲属,并之前买好赠送的礼物。笔者问起时,他们大都认为只有通过拉近感情才"更好说话"。

熟人传教相对要更容易开展活动。由于是熟人关系,尽管被传教的熟人不认同基督教,但碍于面子,他们也不会有过激的反应和行为。镇区一副食品门市店主邓 HB 的岳母腿骨折了,做了手术,半年后才会彻底康复。由于疼痛难受,岳母成天疼的哭,邓 HB 有时把她推到门市上晒太阳。同在一条街上的孟 YX 见到后,就去邓 HB 家好多次,说是祈祷让她不疼。孟 YX 在她开的理发店中,并不是对每一个前来理发的人传教。她每次都先通过询问其家庭情况,了解是否有"拐弯亲戚"关系以及其家庭成员是否有信主的,才会积极传教。

2. 亲属传教

相比较熟人传教,亲属间的传教就更为方便和易行。孟 YZ 由于疾病而先信主,传教给其姐孟 YX,但孟 YX"老犟,咋说都不信"。后来,孟 YX 也患病,才开始慢慢信。每次谈起时,孟 YZ 都非常自豪,认为如果不是她传教,孟 YX 也不见得能活到现在。三自教会刚信教的何老太说,她有两个姊妹也是信主十多年,每次给她传福音,她都说,"你走你们的路,我走我的路",现在因为患病得骨质增生,姊妹们再传给她,她才慢慢信了。

夫妻关系是亲属传教的重点。在地方基督徒中流传一首打油诗说明传教给配偶的重要性:"一对蜜蜂往前飞,一个高来一个低,高的飞到天桥上,低的落到深海里,长虫缠乌哨吸,抬头看看我的妻,妻啊妻,你咋不来拉我

---

9 "熟人"在这里是指那些没有血缘关系也不是亲密朋友的相互之间仅有简单了解的人。

哩？妻说，我那时信主，你拳打又是脚踢，我有心想去拉拉你，天兵天将人家不依"。关于夫妻间的传教，不少地方基督徒都提及 SM 村的严 WF 姊妹。早年，严 WF 患胃炎、子宫炎，乳房上还长有瘤子，第二年她做手术的时候，医生说四年之后就会复发，并且复发之后就不能医治。当四年之后她的病果然复发之后，她想起来南山的表姐曾经也病得十分严重，一个方城来的基督徒见她可怜，让她信主。她表姐听了那人的话，就开始跟着那人走信主的路，结果两个月后病全好了。于是，她上山找其表姐，表姐认为信主首先要承认自己是罪人，于是便让她跪下祈祷，让她说"主耶稣，你救救我这个罪人吧"。祈祷之后，她后来身体一直很好，乳房上的瘤子没有再长。村里有人知道后，询问吃什么药好的，她说吃的福音药。由于丈夫沉迷于打牌，她经常祈祷让神拣选她丈夫。后来，丈夫就得了偏瘫，不会动也不会说话，亲戚邻里都担心她丈夫的病情，但她说这是神拣选他了，借着病让他信教，而丈夫竟也由此信主。前几年，她由于饱受疾病的困扰和生活上的艰辛，就祈祷让主把她接走。因为她的丈夫是偏瘫，她怕他离世后受罪，也怕拖累了女，所以她临走前的愿望就是看着丈夫走在自己前面，她丈夫果真在她走的前几天离世。家庭教会传道员张 HL 姊妹的丈夫之前也没有随妻子皈依基督，但在 2009年得了高血压后才开始真正信主。

3. 主日学

2002 年当地家庭教会由于举办主日学而使得与会的基督徒被抓，因此主日学中断许多年，平时礼拜是小孩子都是喝大人呆在一起听道。直到 2011年暑假，当地家庭教会重新开始举办主日学，三自教会正在筹办中。

家庭教会暑期主日学场所的墙上，专门书写欢迎语："欢迎你到主日学，耶稣爱你我们也爱你，礼拜六的下午欢迎你来到，我们欢迎你到主日学"。讲课的方式不同于基督教主日证道，更像是学校的幼儿教育。教材不是《圣经》，毕竟对小孩子来说，《圣经》内容繁多，即使里面的字也不见得都识得。他们选用专门适用于幼儿的初级教材——《真真好：天堂真理课程》。

授课的程序是，先回顾上次所讲内容，再讲授这次所学的金句[10]，温习已学赞美诗，学唱新的赞美诗，最后再布置作业。作业一般是要求小孩子每日祈祷。

10　《圣经》中有代表意义、能体现基督教教义的格言警句。

图 5-3　家庭教会暑期主日学所用教材（摄影时间：2011-7）

4. 做好事传教

《圣经》中耶稣昭告门徒"我来不是要受人服事，乃是要服事人"，使得基督教会及其信徒都积极参与社会服务。地方基督徒称做好事为荣神益人的事情，包括舍茶、拥军、扶贫救灾、助残助教、修桥铺路、植树造林、社会公益、爱心奉献等。其中，舍茶是在每年古刹大会期间，S县各乡镇教会烧茶水方便游人。需要注意的是，古刹大会原为庙会，与基督徒信仰不容。在基督徒看来，其它宗教都是假神，是偶像，是十诫中规定的，而此时却表现出非常包容的态度，委实让人反思。这可能是古刹大会延续上千年，对其具体来历当地居民大部分都不清楚，而且随着时代的发展变迁，现在大会已经成为变相的物资交流会，故而当地基督徒并没有明确意识到信仰上的冲突。此外，当地基督教会定时不定时组织信徒到医院帮助病人以传教。家庭教会的孟 YX 姊妹就是经常通过免费给病人理发来传播福音。

5. 个案：基于会话分析

话语是人的生活中必不可少的，人能够用它来达成其目标，在意见不一致、利益和价值观冲突等情况下，用话语相互交流沟通达成意见。基督教会内部的话语，如当地基督徒常说"感谢神"、"主内平安"、"软弱"、"交通"、"灵命"等，其语言特征与地方话语系统明显不同，有着独特的宗教意蕴，代表了基督信仰的心理表征与意义系统。教会内部的话语系统具有向心力的功效，它把信徒的思想意识统一并集中起来，创造和维护一个稳定且在信徒中流行的言语核心，可避免来自世俗的冲击，提高信徒对宗教群体成员身份的认同以及信徒间的凝聚力。对传教活动而言，其实质在于基督徒通过会话这一话语形式让不同信仰的他者具有共享心理表征，进行意义建构，从而让对话方接受福音。作为建构某一事物的陈述系统，话语能体现出其所代表的文化，故而分析隐藏于传教过程中的会话可揭示人们运用语言建构其世界的方式，从这些建构起来的事实中认识文本背后的意义或逻辑，即通过人在说什么从而把握人如何思考。下面我们截取一段传教过程中的会话，分析当地基督徒传教的特点。

传教人：孟 YX，女，50 岁，家庭教会基督徒，初中文化程度，信主 14 年。被传人：贺 S，男，62 岁，高中文化程度，曾任初中教师。关系：同村，按辈分孟 YX 称贺 S 老爷。地点：L 家，L 是孟 YX 的兄长，经常和贺 S 在一起在广场唱歌表演。报道时间：2013-8。

孟 YX（以下简称为孟）：老爷，你去歌颂那，这是神的恩典。那娃子们，那娃子们全不理你，全不搭理你，你寻他弄啥哩。娃子们说说话，给老子们一会说这哩，一会说那哩，娃子们都不朝旭你，你说哩。光在外面要要要，回来不答理你，那不是也不中，嗷11。

贺 S（以下简称为贺）：哼哼，哼哼。

孟：人都是神的儿子，创造万物，天天供给你，养活着。光那破风倒嗓，[唱那些不齿拉筋

贺：哼哼，哼哼哼。

孟：哈哈，哈哈哈哈哈哈哈（（大声）），嘿。

贺：嗯。

孟：赞美赞美神，跟神说说话，那是最好最好，神最喜欢哩（1.2s）

贺（转向旁边一人 L）：今一天你知道我弄啥哩。（0.7s）我给那（音响设备）安上放大哩，呵呵呵呵（（大声））。

L：嗯。

贺：呵呵，你可是没见……

---

11 当地方言，询问的表达方式，类似于"是吧？"。

孟：老爷，神给支持，他有那、那个……

L：灵性。

孟：这个，这个是智慧，智慧。

贺：哼哼。

L：人家就是哩。

［孟喝茶］

孟：就是，不认识神。也不知道神节选的时候不到，俺，老爷。

贺：嗯。

孟：节选的时候不到。

L：不到。

贺：不知咋着是到了？

孟：凡事都有时候啊。有些从老从老才信，有那从年轻闺女娃子蛋都信，有那不大点，恁大那娃娃都受洗了。

贺：那也跟是琢磨不透一样，呵呵，呵呵呵。

孟：哈哈哈哈。

贺：哈哈哈哈。

孟：都有时间。

贺：呵呵呵呵。

孟：时间不到（0.5s），嗯。

贺：呵呵呵呵（1s）。

［孟喝茶］

孟：上庄我姑父，叫他信主他不信，往屋拉着呐，带他到聚会那地方，他说我去那弄啥哩，哎哟，头一抬。跟他说啥都不懂得。真乃（（谐音，现在的意思））跟他说他信，看着可喜乐、可平安那种。我说说，听我卓哥他们说，说点那、那个拍拍话，他声音跟没声一样，说不叫说。卓哥爬到他耳朵那说，说你说哩啥。他说不抬盖，不叫抬盖，可开窍了，可知道了。

贺：呵呵。

　　由上述对话可以看出，被传教者贺 S 的反馈项目基本为非言语性；在话轮交接中，转换关联位置贺 S 放弃话轮的线索，中间还主动选择了其他的说话者；尽管自选方式为正常的自选方式，没有出现索取话轮信息，但多是出于会话双方的族亲关系，因此会话信息并没有出现重叠，停顿和沉默却常常出现。这些都表明了被传教者明确传达对所谈论话题不感兴趣的信息。在相邻对上，对答为陈述—反馈结构，其形式多为毗邻双部式，即依次顺序排列式的链条般对答结构，传教人总是主动地发出引发语，被传人则被动地发出应答语，而且极为简短。以话语的功能性来看，这一传教活动是以关系为基础的，故而用亲属称谓（老爷）作为会话的开头；会话意图依据于功利的考虑，反映出从功利性入手是地方传教的重要方式。总之，这一传教并没有引起被传人的兴趣，但限于社会关系而被迫完成形式上的会话，所以在不合意的情况下，无论传教人还是被传人都有主动进行关系补救。这一面子上的关系维持一方面使得基督徒有机会进行传播福音的活动，且不用担心被敌对或驱逐，但另一方面对村民而言，面子上的关系维持又可能使个别基督徒反复劝告入教，不胜其烦，其结束必定是以社会关系的损伤和面子上的伤害为代价。

6. 地方基督徒传教的特点

从四种传教方式可以看出，地方基督徒基本是通过"关系"来传播福音，亲属、熟人不言而明，主日学都是信主的家长让子女前来上课，做好事则是与陌生人建立起良好的关系，进而传播福音。有时，当地基督徒也会通过一些地方流行的宣传形式进行传教，如墙壁广告传教。下图为笔者2014年所摄，当时HB大桥刚通车一年，不少当地商铺在大桥两侧护壁处打出广告，当地有信徒也在上面打出传教类的广告，写的内容为，"上帝耶稣爱世人，他是公义、良善、诚实的真神，信耶稣得永福。《圣经》本是宝，我们的希望。"

图 5-4 信徒在新建 HB 大桥上的福音宣传（摄影时间：2014-7）

虽然传教的意义对每一个基督徒而言是毋庸置疑的，但整体而言当地信徒在日常生活中传教的积极主动性还不足，他们多视之为可供选择的宗教活动，"能传就传，不能传也没啥"。除此之外，地方基督徒传福音的目的带有非常明显的功利性，"传不传是咱的事，信不信是神的事"。对他们而言，不管别人愿意不愿意，只要你把福音传给他，神说不定你的罪，这是信耶稣的使命。所以，一些基督徒在传教中，并不追求效果，只在于是否做过。

总之，传教的方式是基督徒借助与非基督徒共有的世俗知识来论证其信仰的合理性。有意思的是，信徒们的皈依大多并不是通过这种证明实现的，而是经由生活历程特别是在"走投无路"情况下才皈依基督教。因此，对地方基督徒而言，传教的效果如何并不是他们所考虑的问题，他们只需提供给非基督徒一个相信上帝存在的机会而已。

二、奉　献

地方基督教会的经济收入主要来自于信徒们的奉献。地方信徒认为像基督教义要求的那样，捐钱奉献能得到神对自己在世间的祝福和天上的记账，这是信仰指出的增加功劳的一条好路。当问到是否需要将收入的十分之一奉献给神时，孟 YX 认为"奉献的事，按照生命的成熟是当纳的，是应该的，你奉献神就祝福你，地上加倍祝福你，天上记着帐"。但同时她又表示自己不经常奉献，因为奉献应该"根据自己的意愿，愿意捐就捐，不愿意捐就不捐，你不给神，神也不会要"。关于奉献，家庭教会基督徒田 YH 也认为这"得自己心里情愿"。此外她补充道，"承诺奉献多少就要奉献多少，不可欺骗"。她还分析了自己奉献的原因：有时候觉得自己跟别人比，应当给点就奉献，还有就是办事顺利又省钱时，自己就会想这件事多亏神的帮忙，这钱没花到别人身上（暗指送礼办事），我给神多好啊。但是对于给神奉献多少，她说到"如果办事本来需要三千，可是只花了一千。那咱不说给神两千，给一千也行，不给一千给一百也行。如果不给也中[12]，只要你心安理得，神也不会问你要。只要自己的良心知道神帮忙了"。这说明，在宗教生活中，地方基督徒在评价奉献事宜时也是以宗教信仰为其衡量标准，但却并不是唯一的，一旦牵涉到自身利益，宗教信仰在其标准系统中的唯一性和重要程度都会随着变化。

---

12 地方方言，"中"即行、可以的意思。

虽然平时基督徒自觉奉献的不多，但当自己遇到需要困境时，基督徒都会奉献得较多，以此来祈求神的帮助。三自教会的杨姨就说，"有个大灾大难，保险[13]要给教会奉献。这跟许愿是一样的，治疗好了，谁都是甘心情愿。街那边的老张添孙儿的时候，一下捐了五百块，这些事人家一般都不让人知道。"

总的来看，地方基督徒奉献还是非常有限，特别是在偏远的堂点，经费紧缺的情况就尤为突出，甚至每月只能收到几元钱的奉献。相比较 S 县城区教会每次都有上几千元的奉献，C 镇三自教会受捐款金额非常少，这造成使教会在支配资金上捉襟见肘。每次谈及时，堂点的负责人都感叹当地居民收入有限，有爱心但没能力，教会的院墙倒塌也没钱收拾。每逢需要用钱时，他们就会积极联系其他地区较富裕的教会，特别是 S 县县城的城区教会，期望能给予支持。

当地基督徒很少积极奉献，这与当地经济发展有限以及信仰的功利性有关。基督徒的奉献的形式主要是在礼拜后投入"乐捐箱"。每次礼拜后，由财务管理小组共同打开乐捐箱。三自教会知道当地收入有限，并个主动要求基督徒奉献，全凭自觉。高 LQ 组长感叹，C 镇是山区，人比较穷，所以教会才不复兴，而江浙一带听说有个开工厂的大老板，每天给工人 10 元钱为他祈祷，祈祷后还发方便面、糖之类的，这样教会怎么会不复兴。当地家庭教会没有如同三自教会那样专门设立一个乐捐箱，奉献者大都每次礼拜后把钱直接交给教会负责人。对于三自教会在教堂中摆放有乐捐箱，有信徒指出这很不符合《圣经》的要求，因为奉献全靠自愿，"保罗曾说我把福音传给你们，是要你们不花钱得到福音，我不会累着你们，我自己劳动的还有余呢，我还分给缺少的人呢，信神神啥都有，他不需要人的钱"。

三、重大节日

不同于一年内可以循环举行的节期，如主日学等，基督教的节日是每年庆祝一次（谢炳国，2008: 30）。基督教会的重大节日有圣诞节、受难节、复活节，当地教会都将受难节和复活节放在一起庆祝，即时两教会专门安排讲道人讲道一周。在重大节日中，圣诞节无疑是所有基督徒心目中最为重要的一个节日。期间，三自教堂张贴对联，但到春节时就不再张贴。这一方面反映了教会对元旦的重视程度，另一方面也反映出传统习俗对教会活动的影响。

---

[13] 当地语，意指一定、肯定会。

李 ZJ 组长感叹道,"好像是有些社会上的东西也容纳到教会里面了"。

对圣诞节表演节目的准备工作,C 镇三自教会往往提前两三个月就开始了。为迎接 2011 年的圣诞节,镇区三自教会筹备很早,十月初就开始了第一次彩排。为此,基督徒们专门购买了用以背景音乐的手提播放机。相比较而言,当地家庭教会的庆祝就非常简易。和平日的主日礼拜一样,他们请外地的讲道人前来证道以及吟唱赞美诗进行庆祝。这一方面与家庭教会条件有限,没有配乐音响,也缺乏会唱歌跳舞的基督徒;另一方面,这也与家庭教会一般为小型聚会,警惕政府监控而不愿张扬有关。

第五节 宗教体验

无论三自教会还是家庭教会,都尤为重视对《圣经》知识和教义的理解,主张以字面理解《圣经》,其宗教观点也以《圣经》上的记载为准,带有强烈的原教旨主义倾向。对教义掌握的熟练程度和理解的深度,成为地方基督徒评价其"信得好"与"信得瞎"的重要依据。

一、教义理解

基督徒的个人宗教生活包含对基督教教义的理解以及基于个人经历的祈祷与见证。其中,对教义的理解是基督徒灵命成长的前提和重要方面,是地方基督徒礼拜听道的重要缘由。

1. 获得途径

1)读《圣经》

对《圣经》的熟知可以加深对教义的理解。在所使用的《圣经》版本上,三自教会和家庭教会存在争议。三自教会规定用南京爱德印刷有限公司印刷的,也就是他们所说的"南京本"。家庭教会也使用该版本。但除此之外的版本,如他们称之为"南方本",即从香港等地区传过来的繁体本,对此三自教会是禁止的,而家庭教会则承认。在当地家庭教会中,拥有繁体本《圣经》的基督徒极少数。这些繁体本大部分年代都十分久远,据信徒们说,这是外国开始传教的时候,由有钱人出资印刷,免费发放给基督徒而流传过来的;而另一部分则是近年来他们到外地交通时被赠予的。对于如何购买《圣经》,当地三自教会会专门出售,《圣经》加上《赞美诗》卖 20 元。但多数信徒都不是自己购买的，其中一些是刚信主时由教会或其他基督徒馈赠的，更多的是在圣诞时由人资助免费发放时获得的。在 C 镇，馈赠人都是当地人或周边省市的人，没有国外的捐助。但在 J 镇存在国外教会的馈赠活动，在 2011 年 9 月，有三名外国人购买几百本南京本的《圣经》免费发给地方基督徒。据当地教会负责人介绍，当初外国人想从境外自带一批《圣经》，但政府不允许，所以只能在国内购买了南京本。

为增强对教义的理解，除《圣经》外，基督徒还会看一些辅读的书籍材料以及其他的灵修书籍。这些资料一般多为教会拥有，其中有一部分是购买的，其余为外地教会捐助，信徒们可以相互流传翻阅。两教会在推荐灵修书籍上并不想同，如在家庭教会，他们会根据你信教时间以及灵命大小推荐相关书籍，刚皈依的基督徒要去看《认识真理》，而较深入的则看《王明道选集》等。

2）听 道

由于受到文化程度的限制，地方基督徒大多对教义的理解是通过听道而来的。为了加深基督徒对《圣经》的理解，两教会每周都会举办读经会。教会提前会安排非讲道人的信徒来主讲，和主日证道的形式类同。相比较而言，家庭教会的形式更为随意，但参与积极性会更高，在场的基督徒依次诵读所选经文，并对不好理解的部分进行讨论。

除了每周中的礼拜证道和读经会，当地教会还组织短期的培训。在暑假和春节期间，三自教会都会组织为期一周的短期培训，多是请市里面的神学生前来讲道。由于时间紧凑，而且所讲内容众多，故不在镇上居住的基督徒多在镇区教会居住，其作息时间如下：

早上　起床 5:00　早祷 5:30—7:00　早饭 7:00

上午　预备 8:00　第一节 8:30—10:00　第一节 10:20—11:50
　　　午饭 12:00

下午　预备 2:30　第一节 3:00—4:30　第一节 4:40—6:10
　　　晚饭 6:30

晚上　预备 7:30　上课 8:00——9:00　熄灯 9:30

家庭教会也相对随便，只要有外面的讲道人前来，协商即可安排。

3）知识作用

在地方基督徒看来，《圣经》是锁着的，只有诚心祈祷才有开锁的钥匙，只有依靠神才能读懂。虽然基督徒们认为读经依靠圣灵的指引，但同时他们也认为知识和经验对教义的理解是不可缺少的。限于文化知识的有限，在笔者参与的读经会，特别是家庭教会的读经会，主讲信徒大都按照参考书照本宣科地读下来，没有进行过有深度的探讨。

　　尽管当地居民非常重视教育（参见本书第三章第三节相关内容），但当地基督徒受教育的程度普遍很低，这与当地位置偏僻以及他们所经历的那个特殊年代有一定的关系。直到现在，深山孩子的求学之路依然异常辛苦：由于当地教育资源有限，基本集中在街道上；家长又外出打工或农务繁忙，不能陪同，因而不少小孩一周回一次家，平时就住在学校。在学校条件不够的情况下，学生就住在邻近居民家，甚至自己做饭。黄LY姊妹对当初没有读成书一直耿耿于怀，她说，"那时候不知道上学，家里也老穷，不上算了，父母也不识字，没那个意识，还省俩个钱。那会哪知道信耶稣需要识字"。《旧约》生字多，她基本上读不下来，为此她专门买了字典一个字一个字的查。"如果知道当时不管怎样也要学。现在知道后悔，成天做梦都在学。"由于受到文化程度的影响，地方基督徒表示对《圣经》看得很少，而且自己理解起来有困难，"看了一遍，囫囵吞枣，什么都不知道"。他们获得《圣经》知识的主要途径便来自听道，这造成地方基督徒对《圣经》的理解就会在很大程度上取决于讲道人的讲解，"咱看过去，就什么都没看见，除非人家讲了"。

　　虽然知识文化有助于《圣经》和教义的理解已成为地方基督徒的共识，但在知识文化的作用大小上却存在争议。一次到孟YX理发店聊天时，遇到田YH姊妹，她劝笔者也信教，并说到："你们是大学生，自己看看《圣经》都能悟出来好多道理"。而孟YX则在旁说，"只有神的灵才能明白，没有神的灵，再高的学问也不能明白"。由此看出，两人对于如何能够明白《圣经》的观点不同，前者强调的是学问，而后者强调的是神的灵。即便如此，孟YX也承认个人学问深浅在讲道中起作用，她举了远志明[14]的例子，认为"人家有学问，讲道很清楚，有的没学问，连字义都讲不了"。

2. 《圣经》内容质疑

　　每个基督徒对《圣经》的解读都有所不同（Riches, 2008: 228）。尽管在地方基督徒看来，《圣经》内容不能多一个字也不能少一个，但同时他们又承认

---

[14] 牧师、作家，神州传播协会总编导，四处主领布道培灵聚会。远志明著述甚多，在国内基督徒特别是家庭教会信徒中颇有影响力。

《圣经》中存在一些不一致的内容。这些内容不仅会造成一些信徒在教义理解上的困扰，甚至有些非基督徒依此来攻讦基督教的信仰。当地基督徒和非基督徒经常质疑的《圣经》内容有：

第一，犹大出卖耶稣乃是上帝的授意？当地一名教师刘老师说：《圣经》上说耶稣被犹大给出卖，要钉十字架的时候，耶稣事先知道，但是如果不是借着撒旦进入犹大心里面的话，耶稣就不会被出卖、被钉十字架、三天后复活。所以她觉得从人的角度，犹大很可怜，好像一个棋子一样，也不能全怪犹大。

第二，上天堂的人上帝早就拣选好了？当地不少基督徒都认为，谁是神的儿女，得以拯救在世界创立以前神就拣选了，名单上有的基督徒才能上天堂，其他人都不能。对于这个疑问，一些非基督徒就质疑，信主后会不会其实没有被拣选，信了也白信？对此，一些基督徒认为，"神愿人人都得救，不愿一人沉沦，《圣经》上说信而受洗，必然得救，只要信就可以上天堂"。

第三，自由还是宿命？这是关于自由意志的争论。基督教义主张上帝让人有了自由意志，在面临道德上的取舍特别是信仰上的选择时，人有自由选择的权利，只有这样上帝判断人的善恶才有意义（参见 何光沪, 2009: 72-73）。而有一些非基督徒则认为，既然世上一切事都是神安排的，那么包括自由意志在内，因此意志的"自由"并不是绝对的而仅是相对的；如果意志的绝对自由的，那么就超越了神的安排，则说明了神并非全能的。

对于这些疑问，基督徒们认为神绝不可能做错，只是人不能明白他。对于《圣经》的理解，作为基督徒，你首先先坚守自己的信心，相信神。孟 YX 就告诉笔者，"这些事情不用讲那么清楚，只要你知道耶稣是神就行了。人的脑子太有限，理解不了神。就像小孩子不能明白大人的事，何况人和神了，级别错太远了。人的脑子是有限的，而神是无限的。所以，你怎么想都想不明白。只是说你相信耶稣是神的儿子，被钉到十字架上担当你的罪就中了，罪得赦免，到时候你就可以到神那里去了，到时候都知道了。"

二、祈祷[15]

宗教体验是基督徒在宗教和日常生活中与神交通的心理体验，它首先反映在基督徒的祈祷上。祈祷是一切宗教生活中最关键的表达方式，是宗教信

---

15 C 镇基督徒的祈祷专注于基督徒的个人层面，故本书将其安排在个人的宗教生活中。

仰变成实在之物的重要途径，因为祈祷本身就是与神交流，除此之外别无他路（Streng, 1984/1991: 56）。"你们若常在我里面，我的话也常在你们里面，凡你们所愿意的，祈求，就给你们成就"。（约翰福音 15: 7）"我若照他的意旨求什么，他就听我们，这是我们向他所存坦然无惧的心。"（约翰一书 5: 14）为此，当地基督徒会遵循《圣经》中所指引的祈祷方式，祈祷合乎神意的内容。信徒一般先做一个谦卑的祷告，然后就其所求祈求神的做工，最后为形式上的敬拜，如"奉耶稣圣名交托给你"，并默念主祷文。

祈祷贯穿于地方基督徒的全部宗教生活中。信徒们每天早上得早起祈祷交托，晚上也得祈祷，有时甚至祈祷一两个小时。对于为何要祈祷，三自教会的张 ZY 弟兄认为，"上帝是个灵，无影也无踪，看不见，摸不着。但只要你信他，祈求就有灵。只要你诚心祈祷，从不叫你落空。"在他看来，基督徒早上起来就要开始感恩祈祷，感谢神让他平安度过漫长黑夜，新的一天又就让我看到阳光，给我气息。然后交托，为国家、为教会、为全家人，最后为自己祈祷。到晚上，还得祈祷，感谢神保守你度过平安的一天，再交托神保守夜晚平静的安息。

在祈祷的形式中，禁食祈祷被地方基督徒认为最恳切。在 BH 乡有个基督徒，禁食的时间比主耶稣的四十天还多，为其他信徒所钦佩。禁食祈祷一般是用在重大事件上，如钱 GR 姊妹现在年轻大了，为了身体的考虑一般情形下都不在禁食祈祷，但在新教堂的建设遇到财务困难上，她就禁食祈祷，祈求神的帮助。

基督徒祈祷的内容往往会带有很大的功利性。C 镇基督徒的祈祷很少出于忏悔与自省，基本为祈求帮助或为获得的帮助而感恩。信徒在面临患难时，祈祷的频率比平时高了很多。在主日礼拜最后环节中的祈祷环节中，内容多为医病许愿。如有基督徒提出自己的愿望："主招呼着贷点款"、"主让我把这车白菜卖完"等。当地一名非基督徒告诉笔者，她之所以不信主是觉得信主的就是自私，问主要这要那。多年前，村里有人告诉她信主好，劝她也去教堂听道。在做见证的时候，有基督徒上去说，"看我到腊月二十四的时候，白菜都没有卖，我给主祈祷，让白菜都卖了。结果一祈祷，自己还没到街上，一车白菜就卖了"。听到这里，这个非基督徒就决定不会信主，因为觉得"信主的都是这（自私），只想着自己"。

信心的大小被当地基督徒认为是决定祈祷效果的关键因素。孙 YQ 姊妹就说，祈祷凭的是信心，信心大的时候才能听见神的声音，他才能带领你前面的道路。根据受益对象的不同，祈祷的类型可以分为祈祷与代祷，前者为自己寻求帮助，后者为他人祈求帮助。如果觉得自己的祈祷没有效用，基督徒不仅需要自己祈祷，而且还需要别的肢体特别是灵命好的基督徒来代祷。在 C 镇教会，代祷的类型有两种：

一是联系信心强的基督徒为他祈祷，特别是牧师、长老。这是因为在当地基督徒们看来，神给牧师、长老的权柄跟一般基督徒的权柄都不一样，他跟一般讲道员的灵命都不一样，讲出来的道也不一样，让他们为病人祈祷，就可以让病人"得着"。所以，地方基督徒在遇到牧师、长老以及前来证道的讲道员，不仅让他们为自己祈祷，而且还会记下他们的手机号，以备将来所需。在镇区教会的一次蹲点中，有个生病的姊妹要到镇医院去看病，特地先来教堂找教务组成员为她祈祷。在场的一个教务组成员为其祈祷，内容如下：

个案：男，62 岁，三自教会教务组成员，小学文化程度，信主 32 年。报道时间：2011-1。

"感谢主，我们谢谢你。你是掌管万物，查着一切的神。主啊，在这个世界上我们仰望你，你也说过我们三二人的祈祷你都与我们同在。主啊，这时间你开开恩，可怜我们这些罪人，不丢弃我们，你的圣灵运行在我们中间。主啊，将我们这个老姊妹交托给你，她是你兴起的仆人，在你面前侍奉你。现在有疾病患难，奉耶稣圣名交托给你。主啊，求你开开恩，你按手在她身上，她的疾病患难是罪了，你开恩饶恕、赦免；如果是疾病了，你医治她；是受害了，你赶走魔鬼撒旦。主啊，我们谢谢你，也求你的圣灵运行在我们老姊妹心中。你开她心窍，刺激她的悟性，让她醒悟过来，在你面前认识自己，刺激她在你面前省察自己的心，使她认识自己的过错。主啊，今天是你声音的日子，求你开开恩，按手在老姊妹身上，使她得着医治，得着赦免，得着你的看顾和保守，主啊，我们谢谢你，如果你纠察罪，我们没有一个人能在你面前站得住，因为我们是世上人，在你面前都是罪人。然而，你是有怜悯的神，你是乐意施恩的神。主啊，你开开恩，因着你的怜悯、你的心肠、荣耀你的名，你按手在你老仆人的身上。使她得着医治，得着赦免，使她得着你的看顾和保守，好荣耀你的名。主啊，她在这世界上去输液，奉耶稣圣名交托给你。主啊，你开开恩，加强她的信心，除去她心中的一切疑惑，除去她心中的烦恼。主啊，我们生在这个邪恶的时代，你的生灵常常在我们心里，做你的善功，洁净我们，不叫我们沾染世上的罪恶，不随世上的潮流。主啊，你刺激我们敬畏你的心，使我们在这个邪恶的时代按照你的教训，在你面前行良善。主啊，我们谢谢你，你保守我们心怀意念，叫我们昼夜思念你的恩典，思念你的宝贵话，不再思念世上的事。主啊，我们谢谢你，以下世界都求你与我们同在，尤其是你的老仆人，奉耶稣圣名交托给你。"

二是众基督徒为其祈祷。这样做的缘由是因为当地信徒认为，神听义人祈祷，不听罪人祈祷，每个基督徒的信心不一样，且信心在不同时候强度也会不同，所以众人祈祷时总会有当时信心好的信徒在祷告，依靠其祈祷就会蒙福。因此，当地教会都会在礼拜中安排一个环节，专门为患病的基督徒祈祷。

三、见　证

从基督信仰来讲，见证是神借着人和事彰显神的大能和作为。对个人而言，见证是基督徒在日常生活中所体验到的神对自己的帮助。在当地教会中经常采取的见证形式是，在公开讲道过程中（往往是在最后阶段）特地有与神不期而遇的基督徒宣布自己的体验，其作用是把这种体验传告给与相同信仰的其他信徒，以加强自我和他人的信仰坚定程度。为此，自认蒙福的基督徒，都会在礼拜聚会临近结束时，当着众基督徒之面将其经历讲出来，这就是"做见证"。做见证是一件荣耀神的事情，也是为神做工、谋求在天堂地位的一种手段。见证不仅是加强自我和其他基督徒信仰坚定性的强化剂，更是对非基督徒进行传教的一个非常重要的手段，当地信徒基本是由此来传播福音的。

在各类见证中，治疗疾病是其中最多和最为重要的。三自教会的孙 YQ 姊妹举出自己印象深刻的 3 个见证，皆与治病有关：

报告人：孙 YQ，女，38 岁，三自教会教务组成员，初中文化程度，信主 26 年。报道时间：2010-10。

（1）阎庄乡一基督徒，有严重肺气肿，信教后痊愈；（2）大儿子十岁多，去年在外婆家被车撞，居然没事；（3）HS 村乡一姊妹，车祸后脑浆满地，医生都说不行了，但是现在还活着。

治病见证常与福音的传播联系在一起，在本章皈依缘由中已举出不少个案。下面是当地基督教会宣传的一些个案：

> 王 ES 的女儿 6 岁患骨核病，疼痛难忍，从镇到县到处求医抓药，效果都不好。医生表示难治无望，没有办法，只好返回家中，此后她女儿病情恶化，而此事家中的钱已用完，亲友都遍借了，只好贷款治病。治疗 3 年仍不见好，全家人处于绝望中。这时，邻里有人告诉她，说老岱庄有基督徒向神祈祷治病，全家人就带着女儿去那处人家。到那之后，在第二天的祈祷中，神的大能便显现出来了，病情有所减轻。王 ES 认为，这是"神开恩了！救恩来了！"此后把女儿的病交托给神，信神，爱神，忠神，病一天天好转。

> C 镇二道岗孙 CL 兄弟三人，只有一个"后辈人"（子嗣）。七岁时腿上生疮，医生诊断为不治之症。正在走投无路时，他想到了神，便为儿子祈祷，弟兄姐妹晚上走几里山路到他家祈祷，孙家的独生子奇迹般好了，弟兄二人也因此归主。

> 王 XF 已是 84 岁高龄的老姊妹。1990 年 8 月的一天上午，已 70 岁的她，在家做好午饭，侍候儿子和儿媳收工归来。突然两眼一黑，浑身瘫软，倒在锅台一旁，右脖、右腿不能动弹。儿子们回来，才把她扶起，媳妇拉住丈夫跪在十字架前祈祷。下午她一人在家唱灵诗，太阳偏西时，她试图起来去做法，两手按地一使劲，奇迹般的起来了，隔一天她到教会礼拜时，在神前做了见证。

> 庄科村的程 HF，打工回来的路上，一家三口遭车祸，儿子十岁，头部受伤十分严重，送往市第三人民医院，医生、专家都说花万元也难治好，医院不让住院，万般无奈，回家诚心祈祷。神的大能救了儿子的命，一天天康复，看到了神迹，全家归向了神。

除治病外，传宗接代也是见证中重要的一项。就笔者所听到的见证中，就遇到很多起，如下：

个案：丁姊妹，女，39 岁，三自教会基督徒，初中文化程度，信主 5 年。

报道时间：2011-3。

> 经常带着自己的儿子在教堂。她说，结婚几年也没有后代，有

人说神有大能，结果信了之后真的生了个儿子，这是神赐给的。

个案：葛姊妹，女，32 岁，三自教会基督徒，小学文化程度，信主十几年。报道时间：2011-4。

　　小时被领养，后来生病导致"脑子坏了"。其亲生母亲是三自的教徒，让她信主，信主后病情有所好转。结婚后，因为有病很难保住孩子。她的母亲就让她每日祈祷生子，结果在 2011 年上半年就生了一个儿子，说很是聪明。

报告人：吕姊妹，女，56 岁，三自教会会计，初中文化程度，信主十几年。报道时间：2011-10。

　　自家一个妹子结婚后不能怀孕，吃药烧香都不行。她听说后就劝其信主，后来信了之后真的生了个儿子。

报告人：一老年基督徒，女，60 多岁，三自教会基督徒，没有上过学，信主 20 多年。报道时间：2011-9。

　　笔者在参与的一次三自教会的主日证道结束后，当地一个老年基督徒拉住笔者说信主好，她指着在场的一个伶俐可爱的小女孩，说她母亲已有儿子，还想要一个女儿，这个小女孩是其母亲信主后才生的。

个案：崔姨，女，58 岁，家庭教会基督徒，没有上过学，信主 28 年。报道时间：2010-11。

　　在结婚后一直想生男孩，终于在主的安排下在 40 岁的时候生下了一个男孩。所以，直到现在在家供养主。

报告人：孟 YX，女，48 岁，家庭教会基督徒，初中文化程度，信主 11 年。报道时间：2011-8。

　　BH 乡一姊妹非常爱主，神也赐福给她。其婆子家也信主的，维全家信。她已有两个儿子，想要个女儿。怀第三胎的时候求神，最后生了个女儿。

在见证中，最为不可思议的即为神迹和神赋予权柄。这些事情大多发生在过去，不少基督徒认为出现这种现象与现在基督徒信心不足有关。当地信徒经常提及的神迹是发生在特殊年代中的温饱事件：上世纪七十年代粮食紧缺的情况下，当地居民大都饥饿不堪，不仅有饿死者，还有不堪忍受而自杀者，但信心好的信徒却能靠神来解决温饱。

个案：章 XY 姊妹，女，50 多岁，三自教会基督徒，小学文化程度，信主 20 多年。报道时间：2010-2。

三自教会的章 XY 回忆，当时她家中也只有一袋玉米。她就每日祈祷，别人家早就吃完了，她家还有剩余。她说，每天舀，也没看还剩多少，别人还问她家借粮。有一天，她心存疑惑，想看看还有多少，结果每两下就吃完了。在她看来，之前信心够，全靠神，所以总也吃不完；而后来去看，这是信心不够，怀疑神了，所以马上就吃完了。甚至有些基督徒说，当时有人去岭后聚会，那家人做的饭不多，他们一祷就够吃了。

个案：刘 DC，男，60 多岁，临市某县家庭教会讲道员，早年一直在 C 镇传道，小学文化程度，信主 30 多年。报道时间：2010-3。

我们夫妻俩信主，但当时规定不让聚会。每次吃饭前，公社就有人把我夫妻俩个拉到台子上批斗。当时规定每天有十分的工分，但只会给三分。但我依然不放弃自己的信仰，每次吃饭都把《圣经》放在腿上，晚上吃过饭就去聚会，天明再回来继续干活。大队分粮食，给别人都分的多，给我分的最少。我目前看到只有分那么一点都哭了，觉得没法活下去，非饿死不行。结果第二年，别人家的都不够吃，只有我家怎么吃都不会少，别人都去借我家的粮食。我便对他们说，"这可是神给你祝福的，你不要问，你只管来吃"。有基督徒问我粮食还有多少，我说不过还有两篮，结果两篮盛出来之后再也没有了。

其次，神迹还表现在信心够的基督徒有权柄。家庭教会的孟 YZ 谈及神予权柄时，提及她所知道的几个神迹：

报告人：孟 YZ，女，45 岁，家庭教会基督徒，初中文化程度，信主 13 年。报道时间：2011-10。

SM 村一个名叫魏 CF 的老年基督徒，说她刚信主的时候神给她有权柄。家里有只老鼠，总是上到她家锅台上，她默念这只老鼠"这么烦人，怎么还不死了"。结果到了第二天早上，她就发现果真老鼠死了。有时她做好饭了，又添客人，她就开始祈祷，然后饭就够吃了。

老年基督徒严 XZ 说她以前有好多病，她有一次找个信主的人借钱人家说："我也没有钱，要想让病好的话就信主吧"。从那她开始信之后，病都好了。可是那个时候神给她有权柄：晚上去聚会，狗咬得实在太凶，她讲了一句："奉主名，主你封住狗的嘴"，狗就只哼唧，但不会咬了。这是神给她的权柄。本村有个中年妇女得了心疼病，找到她，严 XZ 让她跪下认罪祈祷，回来后病就慢慢好了。但是，后来因为给她女儿找女婿，她做了不义的事情，神从此把她的权柄夺了。因为神是公义的，一点都不让你想错。

老年基督徒丁 EN 下半身瘫痪，自从信主后，与神很是亲近。她把左邻右舍孩子们的衣服人家拿去她都给人家拆洗，非常吃亏、忍耐。麦天时候给人家割麦子，顾不上吃饭就过去给人帮忙，人家拿了一个馍让她吃，但她看到狗中午也没吃东西，于是把馍喂给狗吃了。故而，神给她权柄，有些很大的病，到她那她一祈祷，神就给释放了。

第六节　信心及其转化

宗教的本质部分不在于制度宗教，它仅是宗教的外表形式；宗教的本质在于个人的宗教经验，它是宗教的根本所在，它形成基于人的心理（James, 1902/2008: 22）。伴随制度性的宗教参与，基督徒经由教义领悟和与神沟通的祈祷见证，最终体现为"信心"。

一、信　心

信心是基督徒对其宗教信仰的坚定程度。信心是基督徒生活中最不可或缺的，因为"人非有信，就不能得到神的喜悦"（希伯来书 11: 6）。新约常称基督徒为"信徒"，皆是因为"凭着信心和忍耐承受应许"（希伯来书 6: 12）。在基督徒的宗教生活中，基督徒的信心大小依靠于其从宗教信仰中的获益程度。信心变化的规律为：从基督信仰中获益能增强其信心；反之，如果发生威胁其获益的事件则降低其信心。

当地基督徒，即便是平日里信的非常好的信徒也承认会出现信心程度上的波动。家庭教会的孟 YX 说，自己有时候也有怀疑不信的时候。三自教会的孙 YQ 姊妹告诉笔者，"信主就不是一帆风顺的，天天靠着神，过着属灵的一种争战"。邱姓老年信徒说，之前他听过一首灵歌，说主 2000 年回来，基督徒们都回天国，他问笔者"都说主 2000 年回来接我们，怎么到现在还没来啊？"对此，他感叹开始有疑惑，不像之前那么虔诚了。

城区教会有一个年仅三十岁左右的女性基督徒，信得非常好，经常上圣台讲道。但是，在一次的讲道中，她突发脑溢血，被送往医院抢救后不治身亡。这件事情在当地教徒中间引起了很大的反响，很多基督徒都认为信教信得这么好的基督徒都会突然离世，自己的生命就更得不到保障，因此对基督信仰产生了怀疑。也有一部分基督徒认为这位基督徒的病逝，是主的安排，是主接她回天国享福了，使她不必再在世间受苦，所以是好事。类似的事情在 C 镇教会也有发生：C 镇的一个基督徒，在从 C 镇教堂礼拜后回家的路上，在大桥上被车撞死了。当地很多教徒都对此产生疑问，"为什么他是去教堂礼拜了，主也不保护他，让他在回家的路上被车撞死"？

这类事件尽管发生的频率较低，但一旦发生，则使基督徒信心出现波动，甚至怀疑其信仰。在 C 镇，地方基督徒大都会对事件给以重新诠释，如家庭教会的汤 HS 弟兄，2011 年秋天收自家玉米的时候，不慎跌入沟中，造成骨折。于是一些不信的人就说"他信主，主还不保佑他，让他掉到沟里面"。汤 HS 就举了耶稣自己还被钉在十字架上的例子，说明主不是没有大能，而是一切主自有安排。

二、信心的转化

根据程度不同，基督徒信仰的信心可以分为"功利信"和"虔诚信"两个层次。功利信是信仰的开端，由基督徒信仰的功利性所致。它是基督徒在面临具体问题情景时，才坚守自己的信仰，通过依靠和顺服神来解决问题。虔诚信是摆脱功利的考虑，在看待和处理一切事物时，都主动积极地从自己的信仰出发，甚至不顾自身利益受损也要维护自己的宗教信仰。虔诚信出现在信仰的后期阶段，它不是仅在面临困境中才依靠神，而是一种弥漫的心境。从当地情况看，基督徒多为功利信，很少达到虔诚信。

三自教会叶 GL 姊妹的女儿刚刚考上大学，专业是音乐教育。叶 GL 姊妹认为是神的眷顾才让女儿考入大学，因而积极引导女儿皈信基督，现在她的女儿也经常参加聚会。2010 年暑假的时候，叶 GL 觉得让女儿多学一样乐器，对将来的学业和工作有帮助，就趁女儿大学前的漫长暑假，让她跟着城区教会看门的刘大爷学拉二胡，不仅可以无偿使用乐器，而且还能得到免费的指导。叶姊妹在做决定的时候，动机的功利性很明确，出发点与其宗教信仰并无太大关联，而是为了增强女儿的专业技能。

信徒的皈依缘由更是能说明其信仰的功利性。在当地基督徒中，患难信的比例占绝大部分。患难信，顾名思义，是为了终止患难，这使 C 镇基督徒的宗教信仰从一开始就带有浓重的功利性色彩。相对于患难信，平安信依靠父母家庭的言传身教，为刻板印象的结果，似乎没有过多的诉求。那么，平安信是否具有功利性呢？对于这个问题，就要从地方基督徒信心的转化上进行考查，即信仰的功利如何转向全心的虔诚信仰上。从实现的方式上看，信心的转化又可以分为急剧式和缓慢式两种方式。

急剧式是通过磨难，基督徒实现认知上的意义重构，开始真心认识到神的大能，从而增强自己的信心。汤 HS 弟兄的妻子一开始她并不信主，而且也不同意汤 HS 信主。汤弟兄皈依后，慢慢劝说下她才说信，后来，又说不再信了。说过之后，她开始犯病，疼痛难受。她回忆，"那一天不得了，要死不得活的。俺的老公公跪在地上，俺孩子的姑、叔都跪在地上，一直在喊神，俺也跟着跪下"。信了没几天病就好了，"那时候人家都说信主不害病，喊喊神就会好，不吃药就会好。俺真是把神当成医生，那情实会好。那些年就是跟着神过的，哪有现在这成天光上药铺。"

对于磨难在信心增强以及灵命成长中的作用，汤 HS 弟兄说，"一个人的灵命长大，要经过风风雨雨的，可不是平平安安就能长大。像《圣经》中的伟人们，都是风里来雨里去的，生死的苦难造就出来的，他们才有一个丰盛的生命。像世上有句话说温室的花朵经不起风霜，屋里面的花看着挺好看，不敢拿出去，一刮就不中了。所以一个真正生命丰盛的人，就是经风雨、见世面，不管什么场合都能靠神站立得住，而不是你想长大就长大的。要经过磨练，不管把你放到啥环境中，你的信心仍然对神不疑惑，仍然能够靠神得胜。这样一回两回，时间长你的生命就大了。生命一大，你在啥事上都不会失败了"。县两会的王 HM 从小就随其母亲信主，一直侍奉主。在 2011 年上半年，她在家中突发脑溢血，送到医院说不行，听到消息的基督徒都为她祈祷，最后病情好转，就连当时做手术的医生都说是奇迹。王 HM 说，她以前只知道信，却没有从内心深处全心依靠神，经历这次病，以后一切交托给神。

缓慢式是反复在生活中体验到神的帮助，开始转向虔诚的信仰。小茜是当地一名大学生，她在她信基督教的母亲的要求下，也开始信主。她曾提到主在她身上显现的神迹：她第一年参加高考的时候非常紧张，导致发挥失常，没能顺利考上大学。第二年时，在考试之前她向主祈祷，希望主保佑她不要紧张，结果她考试时一点不紧张，考出了很好的成绩，也顺利考上理想的大学。下面是其高考前的日记摘录：

> 3 月 24 日　星期三　阴
>
> 统考时，我很紧张，闭着眼向主祈祷，是他让我安定了心。我说前方的路你已铺好，好坏都是命，只要好好走就行。不管是我自己的原因，还是主的能力，我都感谢主。他又帮了我一次（指这次统考成绩较好），我更加地相信他。以后我也要奉献我的力量给他。因为相信他，没有坏处，只要不迷恋。

> 4 月 7 日　星期三　晴
>
> 为什么想哭呢？我常常觉得自己有时有人一起，更多时候是孤单一人。我胆小、懦弱，注定一事无成。我的命运之主耶稣给我安排吧。我无法操控。我在矛盾什么，是不是连从路上走过去都不会了呢？

> 5 月 12 日　星期三　雨
>
> 主耶稣真的在帮我吧，我说的话或多或少都有应验。……矛盾心理，盼望高考，又害怕考不好，乱乱的。

> 6 月 1 日　星期二　雨转阴
>
> 马上就要高考，反而很轻松。压力在老爸帮助下解除了，那种再也不到头的感觉也消失了。真好。妈说，考试家长们都在祈祷，我也要去教会呢，为自己祈祷，也为同学们祈祷。我发现自己虽然比 A 同学考的好，因为我好像一直在跟她比较。我怕她考的比我好。多么可恶的想法啊，只是我怕自己被丢下吧。曾经我也那么那么努力啊。我也要为她祈祷，为我这一恶念忏悔。主啊，赐给我们力量吧，让我们班同学都能够拥有能力吧。

在 2011 年 10 月份遇到十一假期返家的小茜，她告诉笔者说，在她上大学后，从所经历的事情中，认识到神对她的眷顾。她举例说，有一次独自一人前往一个陌生的城市进行学习，当她迷路的时候，她就向主祈祷，结果祈祷之后就找到了正确的方向。

　　当地正在外地求学的女大学生葛 YY 觉得，她们这些从小因为父母认识耶稣的人，在小时候并不是真信。尽管小时候口里承认信耶稣，但这仅是在"理论上的"，不少时候都会有质疑。葛 YY 认为她自己是在大学的时候才真正信的，她在回顾自己信仰的历程说，"在初中的时候，我不想上那个高中，而我爸非让我上，还打我了。高中还养成懒的习惯，天天躺在床上祈祷。再到后来，神糊里糊涂就把我带到了大学。我自己的这条道路自己也不清楚，也没有希望。但是，神在那个时候还怜悯我。因为我还认识神，所以能得到他的保护，一直让我再走一步、再走一步。等我顺着走下去的时候，我才发现神的旨意原来是这样的，才体会到神参与到我生命中的计划，这个时候，我才相信在每一个人的生命中神都一直在不断的做功。"三自教会会计吕姊妹谈起自己的信心时说，"自己刚开始都是为自己，有事了才想起主，反复很长时间才真信"。她特别提起，"祈祷给神说找一个体贴人的丈夫，结果找到了，这都是神的功劳"。

　　由于这种在日常生活中本能地减少人在事情中的作用，而视"事成"为上帝所赋予自己的恩赐，这一宗教理念的实际动力不断受到强化而愈来愈强力、愈来愈丰富。与归因于神的自发性保持一致，个体的活动便逐渐转变为内在的虔诚与信心，最终完成信仰由功利到虔诚的转化。